Hoffmann | Das Fräulein von Scuderi

Reclam XL | Text und Kontext

Dieses Buch wurde klimaneutral gedruckt.

Alle CO_2-Emissionen, die beim Druckprozess unvermeidbar entstanden sind, haben wir durch ein Klimaschutzprojekt ausgeglichen, das sich für den Regenwaldschutz in Papua-Neuguinea einsetzt.

Nähere Informationen finden Sie hier:

Klimaneutral
Druckprodukt
ClimatePartner.com/14058-1912-1001

E. T. A. Hoffmann
Das Fräulein von Scuderi

Erzählung aus dem Zeitalter Ludwig des Vierzehnten

Herausgegeben von Heike Wirthwein

Reclam

Der Text dieser Ausgabe ist seiten- und zeilengleich mit der Ausgabe der Universal-Bibliothek Nr. 25. Er wurde auf der Grundlage der gültigen amtlichen Rechtschreibregeln orthographisch behutsam modernisiert.

Zu E.T.A. Hoffmanns *Das Fräulein von Scuderi* gibt es bei Reclam
- einen *Lektüreschlüssel für Schülerinnen und Schüler* (Nr. 15321)
- eine Interpretation in: *E.T.A. Hoffmann: Romane und Erzählungen* in der Reihe »Interpretationen« (Nr. 17526)

E-Book-Ausgaben finden Sie auf unserer Website
unter www.reclam.de/e-book

Reclam XL | Text und Kontext | Nr. 19230
2015 Philipp Reclam jun. GmbH & Co. KG,
Siemensstraße 32, 71254 Ditzingen
Gestaltung: Cornelia Feyll, Friedrich Forssman
Druck und Bindung: Kösel GmbH & Co. KG,
Am Buchweg 1, 87452 Altusried-Krugzell
Printed in Germany 2020

ISBN 978-3-15-019230-6

Auch als E-Book erhältlich

www.reclam.de

Die Reihe bietet neben dem Text Worterläuterungen in Form von Fußnoten und Sacherläuterungen in Form von Anmerkungen im Anhang, auf die am Rand mit Pfeilen (↗) verwiesen wird.

In der Straße St. Honoré war das kleine Haus gelegen, welches Magdaleine von Scuderi, bekannt durch ihre anmutigen Verse, durch die Gunst Ludwig des XIV. und der Maintenon, bewohnte.

Spät um Mitternacht – es mochte im Herbste des Jahres 1680 sein – wurde an dieses Haus hart und heftig angeschlagen, dass es im ganzen Flur laut widerhallte. – Baptiste, der in des Fräuleins kleinem Haushalt Koch, Bedienten und Türsteher zugleich vorstellte, war mit Erlaubnis seiner Herrschaft über Land gegangen zur Hochzeit seiner Schwester, und so kam es, dass die Martiniere, des Fräuleins Kammerfrau, allein im Hause noch wachte. Sie hörte die wiederholten Schläge, es fiel ihr ein, dass Baptiste fortgegangen, und sie mit dem Fräulein ohne weitern Schutz im Hause geblieben sei; aller Frevel von Einbruch, Diebstahl und Mord, wie er jemals in Paris verübt worden, kam ihr in den Sinn, es wurde ihr gewiss, dass irgendein Haufen Meuter, von der Einsamkeit des Hauses unterrichtet, da draußen tobe, und eingelassen ein böses Vorhaben gegen die Herrschaft ausführen wolle, und so blieb sie in ihrem Zimmer zitternd und zagend, und den Baptiste verwünschend samt seiner Schwester Hochzeit. Unterdessen donnerten die Schläge immer fort, und es war ihr, als rufe eine Stimme dazwischen: »So macht doch nur auf um Christus willen, so macht doch nur auf!« Endlich in steigender Angst ergriff die Martiniere schnell den Leuchter mit der brennenden Kerze, und rannte hinaus auf den Flur; da vernahm sie ganz deutlich die Stimme des Anpochenden: »Um Christus willen, so macht doch nur auf!« »In der Tat«, dachte die Martiniere, »so spricht doch wohl kein Räuber; wer weiß, ob nicht gar ein Verfolgter Zuflucht sucht bei meiner Herrschaft, die ja geneigt ist zu jeder Wohltat. Aber lasst uns vorsichtig sein!« – Sie öffnete ein Fenster und rief hinab, wer denn da unten in später Nacht so an der Haus-

6 f. **angeschlagen:** angeklopft | 9 **Türsteher:** für die Haustür zuständiger Bediensteter | 9 **vorstellte:** diese Rolle übernahm | 12 **Kammerfrau:** Bedienstete; zuständig für die persönlichen Belange des Fräuleins | 18 **Meuter:** hier: Aufrührer, Diebesbanden

tür tobe, und alles aus dem Schlafe wecke, indem sie ihrer tiefen Stimme so viel Männliches zu geben sich bemühte, als nur möglich. In dem Schimmer der Mondesstrahlen, die eben durch die finstern Wolken brachen, gewahrte sie eine lange, in einen hellgrauen Mantel gewickelte Gestalt, die den breiten Hut tief in die Augen gedrückt hatte. Sie rief nun mit lauter Stimme, so, dass es der unten vernehmen konnte: »Baptiste, Claude, Pierre, steht auf, und seht einmal zu, welcher Taugenichts uns das Haus einschlagen will!« Da sprach es aber mit sanfter, beinahe klagender Stimme von unten herauf: »Ach! la Martiniere, ich weiß ja, dass Ihr es seid, liebe Frau, so sehr Ihr Eure Stimme zu verstellen trachtet, ich weiß ja, dass Baptiste über Land gegangen ist, und Ihr mit Eurer Herrschaft allein im Hause seid. Macht mir nur getrost auf, befürchtet nichts. Ich muss durchaus mit Eurem Fräulein sprechen, noch in dieser Minute.« »Wo denkt Ihr hin«, erwiderte die Martiniere, »mein Fräulein wollt Ihr sprechen mitten in der Nacht? Wisst Ihr denn nicht, dass sie längst schläft, und dass ich sie um keinen Preis wecken werde aus dem ersten süßesten Schlummer, dessen sie in ihren Jahren wohl bedarf.« »Ich weiß«, sprach der Untenstehende, »ich weiß, dass Euer Fräulein soeben das Manuskript ihres Romans, ›Clelia‹ geheißen, an dem sie rastlos arbeitet, beiseitegelegt hat, und jetzt noch einige Verse aufschreibt, die sie morgen bei der Marquise de Maintenon vorzulesen gedenkt. Ich beschwöre Euch, Frau Martiniere, habt die Barmherzigkeit, und öffnet mir die Türe. Wisst, dass es darauf ankommt, einen Unglücklichen vom Verderben zu retten, wisst, dass Ehre, Freiheit, ja das Leben eines Menschen abhängt von diesem Augenblick, in dem ich Euer Fräulein sprechen muss. Bedenkt, dass Eurer Gebieterin Zorn ewig auf Euch lasten würde, wenn sie erführe, dass Ihr es waret, die den Unglücklichen, welcher kam, ihre Hülfe zu erflehen, hartherzig von der Türe wieset.« »Aber warum sprecht Ihr denn meines Fräuleins Mitleid an in dieser ungewöhnlichen Stunde, kommt morgen zu guter Zeit wieder«, so sprach

---

23 **Clelia:** erfolgreicher Roman der Scudéry, erschien 1654–60 in zehn Bänden | 25 f. **Marquise de Maintenon:** vgl. Anm. zu 3,4 | 34 **Hülfe:** Hilfe

die Martiniere herab; da erwiderte der unten: »Kehrt sich denn das Schicksal, wenn es verderbend wie der tötende Blitz einschlägt, an Zeit und Stunde? Darf, wenn nur ein Augenblick Rettung noch möglich ist, die Hülfe aufgeschoben werden? Öffnet mir die Türe, fürchtet doch nur nichts von einem Elenden, der schutzlos, verlassen von aller Welt, verfolgt, bedrängt von einem ungeheuern Geschick Euer Fräulein um Rettung anflehen will aus drohender Gefahr!« Die Martiniere vernahm, wie der Untenstehende bei diesen Worten vor tiefem Schmerz stöhnte und schluchzte; dabei war der Ton von seiner Stimme der eines Jünglings, sanft und eindringend tief in die Brust. Sie fühlte sich im Innersten bewegt, ohne sich weiter lange zu besinnen, holte sie die Schlüssel herbei.

Sowie sie die Türe kaum geöffnet, drängte sich ungestüm die im Mantel gehüllte Gestalt hinein und rief, der Martiniere vorbeischreitend in den Flur, mit wilder Stimme: »Führt mich zu Euerm Fräulein!« Erschrocken hob die Martiniere den Leuchter in die Höhe, und der Kerzenschimmer fiel in ein todbleiches, furchtbar entstelltes Jünglingsantlitz. Vor Schrecken hätte die Martiniere zu Boden sinken mögen, als nun der Mensch den Mantel auseinanderschlug, und der blanke Griff eines Stiletts aus dem Brustlatz hervorragte. Es blitzte der Mensch sie an mit funkelnden Augen und rief noch wilder als zuvor: »Führt mich zu Euerm Fräulein, sage ich Euch!« Nun sah die Martiniere ihr Fräulein in der dringendsten Gefahr, alle Liebe zu der teuren Herrschaft, in der sie zugleich die fromme, treue Mutter ehrte, flammte stärker auf im Innern, und erzeugte einen Mut, dessen sie wohl selbst sich nicht fähig geglaubt hätte. Sie warf die Türe ihres Gemachs, die sie offen gelassen, schnell zu, trat vor dieselbe und sprach stark und fest: »In der Tat, Euer tolles Betragen hier im Hause passt schlecht zu Euern kläglichen Worten da draußen, die, wie ich nun wohl merke, mein Mitleiden sehr zu unrechter Zeit erweckt haben. Mein Fräulein sollt und werdet Ihr jetzt nicht sprechen. Habt Ihr nichts Böses im Sinn, dürft Ihr

---

20 f. **Jünglingsantlitz:** Gesicht eines jungen Mannes | 23 **Stiletts:** Stilett: ital. kleiner Dolch

den Tag nicht scheuen, so kommt morgen wieder, und bringt Eure Sache an! – jetzt schert Euch aus dem Hause!« Der Mensch stieß einen dumpfen Seufzer aus, blickte die Martiniere starr an mit entsetzlichem Blick, und griff nach dem Stilett. Die Martiniere befahl im Stillen ihre Seele dem Herrn, doch blieb sie standhaft, und sah dem Menschen keck ins Auge, indem sie sich fester an die Türe des Gemachs drückte, durch welches der Mensch gehen musste, um zu dem Fräulein zu gelangen. »Lasst mich zu Euerm Fräulein, sage ich Euch«, rief der Mensch nochmals. »Tut was Ihr wollt«, erwiderte die Martiniere, »ich weiche nicht von diesem Platz, vollendet nur die böse Tat, die Ihr begonnen, auch Ihr werdet den schmachvollen Tod finden auf dem Greveplatz, wie Eure verruchten Spießgesellen.« »Ha«, schrie der Mensch auf, »Ihr habt Recht, la Martiniere! ich sehe aus, ich bin bewaffnet wie ein verruchter Räuber und Mörder, aber meine Spießgesellen sind nicht gerichtet, sind nicht gerichtet!« – Und damit zog er, giftige Blicke schießend, auf die zum Tode geängstete Frau, das Stilett heraus. »Jesus!«, rief sie, den Todesstoß erwartend, aber in dem Augenblick ließ sich auf der Straße das Geklirr von Waffen, der Huftritt von Pferden hören. »Die Marechaussee – die Marechaussee. Hülfe, Hülfe!«, schrie die Martiniere. »Entsetzliches Weib, du willst mein Verderben – nun ist alles aus, alles aus! nimm! – nimm; gib das dem Fräulein heute noch – morgen wenn du willst« – dies leise murmelnd hatte der Mensch der Martiniere den Leuchter weggerissen, die Kerzen verlöscht und ihr ein Kästchen in die Hände gedrückt. »Um deiner Seligkeit willen, gib das Kästchen dem Fräulein«, rief der Mensch und sprang zum Hause hinaus. Die Martiniere war zu Boden gesunken, mit Mühe stand sie auf, und tappte sich in der Finsternis zurück in ihr Gemach, wo sie ganz erschöpft, keines Lautes mächtig, in den Lehnstuhl sank. Nun hörte sie die Schlüssel klirren, die sie im Schloss der Haustüre hatte stecken lassen. Das Haus wurde zugeschlossen und leise unsichere Tritte nahten sich dem Gemach. Fest gebannt, ohne Kraft

---

5 f. **befahl ... ihre Seele dem Herrn:** hier: ergab sich in ihr Schicksal (sie fürchtet umgebracht zu werden) | 7 **keck:** hier: mutig, frech | 14 **Greveplatz:** öffentlicher Hinrichtungsplatz (vgl. Stadtplan, Abb. 6, S. 89) | 14 **Spießgesellen:** abwertend für Mittäter, Komplizen | 22 f. **Marechaussee:** berittene Polizei

sich zu regen, erwartete sie das Grässliche; doch wie geschah ihr, als die Türe aufging und sie bei dem Scheine der Nachtlampe auf den ersten Blick den ehrlichen Baptiste erkannte; der sah leichenblass aus und ganz verstört. »Um aller Heiligen willen«, fing er an, »um aller Heiligen willen, sagt mir Frau Martiniere, was ist geschehen? Ach die Angst! die Angst! – Ich weiß nicht was es war, aber fortgetrieben hat es mich von der Hochzeit gestern Abend mit Gewalt! – Und nun komme ich in die Straße. Frau Martiniere, denk ich, hat einen leisen Schlaf, die wird's wohl hören, wenn ich leise und säuberlich anpoche an die Haustüre, und mich hineinlassen. Da kommt mir eine starke Patrouille entgegen, Reuter, Fußvolk bis an die Zähne bewaffnet, und hält mich an und will mich nicht fortlassen. Aber zum Glück ist Desgrais dabei, der Marechaussee-Lieutenant, der mich recht gut kennt; der spricht, als sie mir die Laterne unter die Nase halten: ›Ei Baptiste, wo kommst du her des Wegs in der Nacht? Du musst fein im Hause bleiben und es hüten. Hier ist es nicht geheuer, wir denken noch in dieser Nacht einen guten Fang zu machen.‹ Ihr glaubt gar nicht, Frau Martiniere, wie mir diese Worte aufs Herz fielen. Und nun trete ich auf die Schwelle, und da stürzt ein verhüllter Mensch aus dem Hause, das blanke Stilett in der Faust, und rennt mich um und um – das Haus ist offen, die Schlüssel stecken im Schlosse – sagt, was hat das alles zu bedeuten?« Die Martiniere, von ihrer Todesangst befreit, erzählte, wie sich alles begeben. Beide, sie und Baptiste, gingen in den Hausflur, sie fanden den Leuchter auf dem Boden, wo der fremde Mensch ihn im Entfliehen hingeworfen. »Es ist nur zu gewiss«, sprach Baptiste, dass unser Fräulein beraubt und wohl gar ermordet werden sollte. Der Mensch wusste, wie Ihr erzählt, dass Ihr allein wart mit dem Fräulein, ja sogar, dass sie noch wachte bei ihren Schriften; gewiss war es einer von den verfluchten Gaunern und Spitzbuben, die bis ins Innere der Häuser dringen, alles listig auskundschaftend, was ihnen zur Ausführung ihrer teuflischen Anschläge dienlich. Und das kleine Kästchen, Frau Martiniere, das,

---

12 f. **Patrouille:** Polizeistreife | 13 **Reuter:** Reiter, berittene Soldaten | 34 **Spitzbuben:** geschickten Betrügern, Dieben

denk ich, werfen wir in die Seine, wo sie am tiefsten ist. Wer steht uns dafür, dass nicht irgendein verruchter Unhold unserm guten Fräulein nach dem Leben trachtet, dass sie, das Kästchen öffnend, nicht tot niedersinkt, wie der alte ↗ Marquis von Tournay, als er den Brief aufmachte, den er von unbekannter Hand erhalten!« – Lange ratschlagend, beschlossen die Getreuen endlich, dem Fräulein am andern Morgen alles zu erzählen und ihr auch das geheimnisvolle Kästchen einzuhändigen, das ja mit gehöriger Vorsicht geöffnet werden könne. Beide, erwägten sie genau jeden Umstand der Erscheinung des verdächtigen Fremden, meinten, dass wohl ein besonderes Geheimnis im Spiele sein könne, über das sie eigenmächtig nicht schalten dürften, sondern die Enthüllung ihrer Herrschaft überlassen müssten. –

Baptistes Besorgnisse hatten ihren guten Grund. Gerade ↗ zu der Zeit war Paris der Schauplatz der verruchtesten Gräueltaten, gerade zu der Zeit bot die teuflischste Erfindung der Hölle die leichtesten Mittel dazu dar.

↗ Glaser, ein teutscher Apotheker, der beste Chemiker seiner Zeit, beschäftigte sich, wie es bei Leuten von seiner ↗ Wissenschaft wohl zu geschehen pflegt, mit alchymistischen Versuchen. Er hatte es darauf abgesehen, den Stein der Weisen zu finden. Ihm gesellte sich ein Italiener zu, na- ↗ mens Exili. Diesem diente aber die Goldmacherkunst nur zum Vorwande. Nur das Mischen, Kochen, Sublimieren der Giftstoffe, in denen Glaser sein Heil zu finden hoffte, wollt er erlernen, und es gelang ihm endlich, jenes feine Gift zu bereiten, das ohne Geruch, ohne Geschmack, entweder auf der Stelle oder langsam tötend, durchaus keine Spur im menschlichen Körper zurücklässt, und alle Kunst, alle Wissenschaft der Ärzte täuscht, die, den Giftmord nicht ahnend, den Tod einer natürlichen Ursache zuschreiben müssen. So vorsichtig Exili auch zu Werke ging, so kam er doch in den Verdacht des Giftverkaufs, und wurde nach der Bastille gebracht. In dasselbe Zimmer sperrte man

---

2 f. **Unhold:** Böser (Mensch) | 9 **einzuhändigen:** auszuhändigen | 10 **erwägten sie:** erwogen sie | 22 f. **Stein der Weisen:** in der Alchimie (vgl. Anm. zu 8,21 f.) sagenhaftes Mittel, um Gold zu gewinnen | 25 **Sublimieren:** verfeinern | 35 **Bastille:** Pariser Gefängnis

bald darauf den Hauptmann Godin de Sainte Croix ein. ↗ Dieser hatte mit der Marquise de Brinvillier lange Zeit in ↗ einem Verhältnisse gelebt, welches Schande über die ganze Familie brachte, und endlich, da der Marquis unempfindlich blieb für die Verbrechen seiner Gemahlin, ihren Vater, Dreux d'Aubray, Zivil-Lieutenant zu Paris, nötigte, das verbrecherische Paar durch einen Verhaftsbefehl zu trennen, den er wider den Hauptmann auswirkte. Leidenschaftlich, ohne Charakter, Frömmigkeit heuchelnd und zu Lastern aller Art geneigt von Jugend auf, eifersüchtig, rachsüchtig bis zur Wut, konnte dem Hauptmann nichts willkommner sein als Exilis teuflisches Geheimnis, das ihm die Macht gab, alle seine Feinde zu vernichten. Er wurde Exilis eifriger Schüler, und tat es bald seinem Meister gleich, sodass er, aus der Bastille entlassen, allein fortzuarbeiten imstande war.

Die Brinvillier war ein entartetes Weib, durch Sainte Croix wurde sie zum Ungeheuer. Er vermochte sie nach und nach, erst ihren eignen Vater, bei dem sie sich befand, ihn mit verruchter Heuchelei im Alter pflegend, dann ihre beiden Brüder, und endlich ihre Schwester zu vergiften; den Vater aus Rache, die andern der reichen Erbschaft wegen. Die Geschichte mehrerer Giftmörder gibt das entsetzliche Beispiel, dass Verbrechen der Art zur unwiderstehlichen Leidenschaft werden. Ohne weitern Zweck, aus reiner Lust daran, wie der Chemiker Experimente macht zu seinem Vergnügen, haben oft Giftmörder Personen gemordet, deren Leben oder Tod ihnen völlig gleich sein konnte. Das plötzliche Hinsterben mehrerer Armen im Hotel Dieu erregte später den Verdacht, dass die Brote, welche die Brinvillier dort wöchentlich auszuteilen pflegte, um als Muster der Frömmigkeit und des Wohltuns zu gelten, vergiftet waren. Gewiss ist es aber, dass sie Taubenpasteten vergiftete, und sie den Gästen, die sie geladen, vorsetzte. Der Chevalier du Guet und mehrere andere Personen fielen als Opfer dieser höllischen Mahlzeiten. Sainte Croix, sein Gehülfe la Chaussee, die Brinvillier wussten lange Zeit hindurch ihre

18 **Er vermochte sie:** er bewegte sie zu etwas; er veranlasste sie, etwas zu tun | 29 **Hotel Dieu:** Krankenhaus, gelegen neben Notre-Dame (vgl. Stadtplan, Abb. 6, S. 89)

grässliche Untaten in undurchdringliche Schleier zu hüllen; doch welche verruchte List verworfener Menschen vermag zu bestehen, hat die ewige Macht des Himmels beschlossen, schon hier auf Erden die Frevler zu richten! – Die Gifte, welche Sainte Croix bereitete, waren so fein, dass, lag das Pulver (*poudre de succession* nannten es die Pariser) bei der Bereitung offen, ein einziger Atemzug hinreichte, sich augenblicklich den Tod zu geben. Sainte Croix trug deshalb bei seinen Operationen eine Maske von feinem Glase. Diese fiel eines Tags, als er eben ein fertiges Giftpulver in eine Phiole schütten wollte, herab, und er sank, den feinen Staub des Giftes einatmend, augenblicklich tot nieder. Da er ohne Erben verstorben, eilten die Gerichte herbei, um den Nachlass unter Siegel zu nehmen. Da fand sich in einer Kiste verschlossen das ganze höllische Arsenal des Giftmords, das dem verruchten Sainte Croix zu Gebote gestanden, aber auch die Briefe der Brinvillier wurden aufgefunden, die über ihre Untaten keinen Zweifel ließen. Sie floh nach Lüttich in ein Kloster. Desgrais, ein Beamter der Marechaussee, wurde ihr nachgesendet. Als Geistlicher verkleidet, erschien er in dem Kloster, wo sie sich verborgen. Es gelang ihm, mit dem entsetzlichen Weibe einen Liebeshandel anzuknüpfen, und sie zu einer heimlichen Zusammenkunft in einem einsamen Garten vor der Stadt zu verlocken. Kaum dort angekommen, wurde sie aber von Desgrais' Häschern umringt, der geistliche Liebhaber verwandelte sich plötzlich in den Beamten der Marechaussee, und nötigte sie in den Wagen zu steigen, der vor dem Garten bereitstand, und von den Häschern umringt, geradeswegs nach Paris abfuhr. La Chaussee war schon früher enthauptet worden, die Brinvillier litt denselben Tod, ihr Körper wurde nach der Hinrichtung verbrannt, und die Asche in die Lüfte zerstreut.

Die Pariser atmeten auf, als das Ungeheuer von der Welt war, das die heimliche mörderische Waffe ungestraft richten konnte gegen Feind und Freund. Doch bald tat es sich kund, dass des verruchten La Croix entsetzliche Kunst sich

---

6 **poudre de succession:** wörtl.: »Erbschaftspuder«, hier: Gift | 11 **Phiole:** kugelförmige Glasflasche mit langem Hals | 15 **Arsenal:** Geräte- und Waffenlager, hier: Vorratslager | 19 **Lüttich:** Zentrum der wallonischen Region (seit 1830 Teil von Belgien)

fortvererbt hatte. Wie ein unsichtbares tückisches Gespenst schlich der Mord sich ein in die engsten Kreise, wie sie Verwandtschaft – Liebe – Freundschaft nur bilden können, und erfasste sicher und schnell die unglücklichen Opfer. Der, den man heute in blühender Gesundheit gesehen, wankte morgen krank und siech umher, und keine Kunst der Ärzte konnte ihn vor dem Tode retten. Reichtum – ein einträgliches Amt – ein schönes, vielleicht zu jugendliches Weib – das genügte zur Verfolgung auf den Tod. Das grausamste Misstrauen trennte die heiligsten Bande. Der Gatte zitterte vor der Gattin – der Vater vor dem Sohn – die Schwester vor dem Bruder. – Unberührt blieben die Speisen, blieb der Wein bei dem Mahl, das der Freund den Freunden gab, und wo sonst Lust und Scherz gewaltet, spähten verwilderte Blicke nach dem verkappten Mörder. Man sah Familienväter ängstlich in entfernten Gegenden Lebensmittel einkaufen, und in dieser, jener schmutzigen Garküche selbst bereiten, in ihrem eigenen Hause teuflischen Verrat fürchtend. Und doch war manchmal die größte, bedachteste Vorsicht vergebens.

Der König, dem Unwesen, das immer mehr überhand nahm, zu steuern, ernannte einen eigenen Gerichtshof, dem er ausschließlich die Untersuchung und Bestrafung dieser heimlichen Verbrechen übertrug. Das war die sogenannte Chambre ardente, die ihre Sitzungen unfern der Bastille hielt, und welcher la Regnie als Präsident vorstand. Mehrere Zeit hindurch blieben Regnies Bemühungen, so eifrig sie auch sein mochten, fruchtlos, dem verschlagenen Desgrais war es vorbehalten, den geheimsten Schlupfwinkel des Verbrechens zu entdecken. – In der Vorstadt Saint Germain wohnte ein altes Weib, la Voisin geheißen, die sich mit Wahrsagen und Geisterbeschwören abgab, und mit Hülfe ihrer Spießgesellen, le Sage und le Vigoureux, auch selbst Personen, die eben nicht schwach und leichtgläubig zu nennen, in Furcht und Erstaunen zu setzen wusste. Aber sie tat mehr als dieses. Exilis Schülerin wie la Croix, bereitete sie wie dieser, das feine, spurlose Gift, und half auf diese Weise

---

15 **verkappten:** hier: noch nicht erkannten | 25 **Chambre ardente:** Behörde, die Kapitalverbrechen verfolgte; im engeren Sinne: Sitzungssaal dieser Behörde

ruchlosen Söhnen zur frühen Erbschaft, entarteten Weibern zum andern jüngern Gemahl. Desgrais drang in ihr Geheimnis ein, sie gestand alles, die Chambre ardente verurteilte sie zum Feuertode, den sie auf dem Greveplatze erlitt. Man fand bei ihr eine Liste aller Personen, die sich ihrer Hülfe bedient hatten; und so kam es, dass nicht allein Hinrichtung auf Hinrichtung folgte, sondern auch schwerer Verdacht selbst auf Personen von hohem Ansehen lastete. ↗ So glaubte man, dass der Kardinal Bonzy bei der la Voisin das Mittel gefunden, alle Personen, denen er als Erzbischof von Narbonne Pensionen bezahlen musste, in kurzer Zeit ↗ hinsterben zu lassen. So wurden die Herzogin von Bouillon, die Gräfin von Soissons, deren Namen man auf der Liste gefunden, der Verbindung mit dem teuflischen Weibe ↗ angeklagt, und selbst François Henri de Montmorenci, Boudebelle, Herzog von Luxemburg, Pair und Marschall des Reichs, blieb nicht verschont. Auch ihn verfolgte die furchtbare Chambre ardente. Er stellte sich selbst zum Ge- ↗ fängnis in der Bastille, wo ihn Louvois' und la Regnies Hass in ein sechs Fuß langes Loch einsperren ließ. Monate vergingen, ehe es sich vollkommen ausmittelte, dass des Herzogs Verbrechen keine Rüge verdienen konnte. Er hatte sich einmal von le Sage das Horoskop stellen lassen.

Gewiss ist es, dass blinder Eifer den Präsidenten la Regnie zu Gewaltstreichen und Grausamkeiten verleitete. Das Tribunal nahm ganz den Charakter der Inquisition an, der geringfügigste Verdacht reichte hin zu strenger Einkerkerung, und oft war es dem Zufall überlassen, die Unschuld des auf den Tod Angeklagten darzutun. Dabei war Regnie von garstigem Ansehen und heimtückischem Wesen, sodass er bald den Hass derer auf sich lud, deren Rächer oder Schützer zu sein er berufen wurde. Die Herzogin von Bouillon, von ihm im Verhöre gefragt, ob sie den Teufel gesehen? erwiderte: »Mich dünkt, ich sehe ihn in diesem Augenblick!«

Während nun auf dem Greveplatz das Blut Schuldiger und Verdächtiger in Strömen floss, und endlich der heimli-

1 **ruchlosen:** gottlosen, niederträchtigen | 16 **Pair:** Mitglied des höchsten französischen Adels | 26 **Inquisition:** Gericht der katholischen Kirche zur Verfolgung von Ketzern; strenge Verhöre, auch unter Anwendung der Folter | 34 **Mich dünkt:** mir scheint

che Giftmord seltner und seltner wurde, zeigte sich ein Unheil andrer Art, welches neue Bestürzung verbreitete. Eine Gaunerbande schien es darauf angelegt zu haben, alle Juwelen in ihren Besitz zu bringen. Der reiche Schmuck, kaum gekauft, verschwand auf unbegreifliche Weise, mochte er verwahrt sein wie er wollte. Noch viel ärger war es aber, dass jeder, der es wagte, zur Abendzeit Juwelen bei sich zu tragen, auf offener Straße oder in finstern Gängen der Häuser beraubt, ja wohl gar ermordet wurde. Die mit dem Leben davongekommen, sagten aus, ein Faustschlag auf den Kopf habe sie wie ein Wetterstrahl niedergestürzt, und aus der Betäubung erwacht, hätten sie sich beraubt, und am ganz andern Orte als da, wo sie der Schlag getroffen, wiedergefunden. Die Ermordeten, wie sie beinahe jeden Morgen auf der Straße oder in den Häusern lagen, hatten alle dieselbe tödliche Wunde. Einen Dolchstich ins Herz, nach dem Urteil der Ärzte so schnell und sicher tötend, dass der Verwundete keines Lautes mächtig zu Boden sinken musste. Wer war an dem üppigen Hofe Ludwig des XIV., der nicht in einen geheimen Liebeshandel verstrickt, spät zur Geliebten schlich, und manchmal ein reiches Geschenk bei sich trug? – Als stünden die Gauner mit Geistern im Bunde, wussten sie genau, wenn sich so etwas zutragen sollte. Oft erreichte der Unglückliche nicht das Haus, wo er Liebesglück zu genießen dachte, oft fiel er auf der Schwelle, ja vor dem Zimmer der Geliebten, die mit Entsetzen den blutigen Leichnam fand.

Vergebens ließ Argenson, der Polizeiminister, alles aufgreifen in Paris, was von dem Volk nur irgend verdächtig schien, vergebens wütete la Regnie, und suchte Geständnisse zu erpressen, vergebens wurden Wachen, Patrouillen verstärkt, die Spur der Täter war nicht zu finden. Nur die Vorsicht, sich bis an die Zähne zu bewaffnen, und sich eine Leuchte vortragen zu lassen, half einigermaßen, und doch fanden sich Beispiele, dass der Diener mit Steinwürfen geängstet, und der Herr in demselben Augenblick ermordet und beraubt wurde. ↗

---

11 **Wetterstrahl:** Blitz

Merkwürdig war es, dass aller Nachforschungen auf allen Plätzen, wo Juwelenhandel nur möglich war, unerachtet nicht das Mindeste von den geraubten Kleinodien zum Vorschein kam, und also auch hier keine Spur sich zeigte, die hätte verfolgt werden können.

Desgrais schäumte vor Wut, dass selbst seiner List die Spitzbuben zu entgehen wussten. Das Viertel der Stadt, in dem er sich gerade befand, blieb verschont, während in dem andern, wo keiner Böses geahnt, der Raubmord seine reichen Opfer erspähte.

Desgrais besann sich auf das Kunststück, mehrere Desgrais zu schaffen, sich untereinander so ähnlich an Gang, Stellung, Sprache, Figur, Gesicht, dass selbst die Häscher nicht wussten, wo der rechte Desgrais stecke. Unterdessen lauschte er, sein Leben wagend, allein in den geheimsten Schlupfwinkeln, und folgte von weitem diesem oder jenem, der auf seinen Anlass einen reichen Schmuck bei sich trug. D e r blieb unangefochten; also auch von d i e s e r Maßregel waren die Gauner unterrichtet. Desgrais geriet in Verzweiflung.

Eines Morgens kommt Desgrais zu dem Präsidenten la Regnie, blass, entstellt, außer sich. – »Was habt Ihr, was für Nachrichten? – Fandet Ihr die Spur?«, ruft ihm der Präsident entgegen. »Ha – gnädiger Herr«, fängt Desgrais an, vor Wut stammelnd, »ha gnädiger Herr – gestern in der ↗ Nacht – unfern des Louvre ist der Marquis de la Fare angefallen worden in meiner Gegenwart.« »Himmel und Erde«, jauchzt la Regnie auf vor Freude – »wir haben sie!« – »O hört nur«, fällt Desgrais mit bitterm Lächeln ein, »o hört nur erst, wie sich alles begeben. – Am Louvre steh ich also, und passe, die ganze Hölle in der Brust, auf die Teufel, die meiner spotten. Da kommt mit unsicherm Schritt immer hinter sich schauend eine Gestalt dicht bei mir vorüber, ohne mich zu sehen. Im Mondesschimmer erkenne ich den Marquis de la Fare. Ich konnt ihn da erwarten, ich wusste, wo er hinschlich. Kaum ist er zehn – zwölf Schritte bei mir vorüber, da springt wie aus der Erde herauf eine Fi-

2 **unerachtet:** hier: trotz allem | 26 **Louvre:** Schloss des französischen Königs in Paris, seit 1793 Museum (vgl. Stadtplan, Abb. 6, S. 89) | 31 **passe … auf:** hier: warte, lauere … auf

gur, schmettert ihn nieder und fällt über ihn her. Unbesonnen, überrascht von dem Augenblick, der den Mörder in meine Hand liefern konnte, schrie ich laut auf, und will mit einem gewaltigen Sprunge aus meinem Schlupfwinkel heraus auf ihn zusetzen; da verwickle ich mich in den Mantel und falle hin. Ich sehe den Menschen wie auf den Flügeln des Windes forteilen, ich rapple mich auf, ich renne ihm nach – laufend stoße ich in mein Horn – aus der Ferne antworten die Pfeifen der Häscher – es wird lebendig – Waffengeklirr, Pferdegetrappel von allen Seiten. – ›Hierher – hierher – Desgrais – Desgrais!‹, schreie ich, dass es durch die Straßen hallt. Immer sehe ich den Menschen vor mir im hellen Mondschein, wie er, mich zu täuschen, da – dort – einbiegt; wir kommen in die Straße Nicaise, da scheinen seine Kräfte zu sinken, ich strenge die meinigen doppelt an – noch funfzehn Schritte höchstens hat er Vorsprung –« »Ihr holt ihn ein – Ihr packt ihn, die Häscher kommen«, ruft la Regnie mit blitzenden Augen, indem er Desgrais beim Arm ergreift, als sei *der* der fliehende Mörder selbst. – »Funfzehn Schritte«, fährt Desgrais mit dumpfer Stimme und mühsam atmend fort, »funfzehn Schritte vor mir springt der Mensch auf die Seite in den Schatten und verschwindet durch die Mauer.« »Verschwindet? – durch die Mauer! – Seid ihr rasend«, ruft la Regnie, indem er zwei Schritte zurücktritt und die Hände zusammenschlägt. »Nennt mich«, fährt Desgrais fort, sich die Stirne reibend wie einer, den böse Gedanken plagen, »nennt mich, gnädiger Herr, immerhin einen Rasenden, einen törichten Geisterseher, aber es ist nicht anders, als wie ich es Euch erzähle. Erstarrt stehe ich vor der Mauer, als mehrere Häscher atemlos herbeikommen; mit ihnen der Marquis de la Fare, der sich aufgerafft, den bloßen Degen in der Hand. Wir zünden die Fackeln an, wir tappen an der Mauer hin und her; keine Spur einer Türe, eines Fensters, einer Öffnung. Es ist eine starke steinerne Hofmauer, die sich an ein Haus lehnt, in dem Leute wohnen, gegen die auch nicht der leiseste Verdacht aufkommt. Noch heute habe ich alles in ge-

---

9 **Häscher:** Verfolger, hier: Polizeihelfer | 16 **funfzehn:** fünfzehn

nauen Augenschein genommen. – Der Teufel selbst ist es, der uns foppt.« Desgrais' Geschichte wurde in Paris bekannt. Die Köpfe waren erfüllt von den Zaubereien, Geisterbeschwörungen, Teufelsbündnissen der Voisin, des Vigoureux, des berüchtigten Priesters le Sage; und wie es denn nun in unserer ewigen Natur liegt, dass der Hang zum Übernatürlichen, zum Wunderbaren alle Vernunft überbietet, so glaubte man bald nichts Geringeres, als dass, wie Desgrais nur im Unmut gesagt, wirklich der Teufel selbst die Verruchten schütze, die ihm ihre Seelen verkauft. Man kann es sich denken, dass Desgrais' Geschichte mancherlei tollen Schmuck erhielt. Die Erzählung davon mit einem Holzschnitt darüber, eine grässliche Teufelsgestalt vorstellend, die vor dem erschrockenen Desgrais in die Erde versinkt, wurde gedruckt und an allen Ecken verkauft. Genug, das Volk einzuschüchtern, und selbst den Häschern allen Mut zu nehmen, die nun zur Nachtzeit mit Zittern und ↗ Zagen die Straßen durchirrten, mit Amuletten behängt, und eingeweicht in Weihwasser.

Argenson sah die Bemühungen der Chambre ardente scheitern, und ging den König an, für das neue Verbrechen einen Gerichtshof zu ernennen, der mit noch ausgedehnterer Macht den Tätern nachspüre und sie strafe. Der König, überzeugt, schon der Chambre ardente zu viel Gewalt gegeben zu haben, erschüttert von dem Gräuel unzähliger Hinrichtungen, die der blutgierige la Regnie veranlasst, wies den Vorschlag gänzlich von der Hand.

Man wählte ein anderes Mittel, den König für die Sache zu beleben.

In den Zimmern der Maintenon, wo sich der König nachmittags aufzuhalten, und wohl auch mit seinen Ministern bis in die späte Nacht hinein zu arbeiten pflegte, wurde ihm ein Gedicht überreicht im Namen der gefährdeten Liebhaber, welche klagten, dass, gebiete ihnen die Galanterie, der Geliebten ein reiches Geschenk zu bringen, sie allemal ihr Leben daran setzen müssten. Ehre und Lust sei es, im ritterlichen Kampf sein Blut für die Geliebte zu ver-

---

2 **foppt:** neckt, zum Narren hält | 25 **Gräuel:** ungeheuerliche Tat, etwas Entsetzliches | 29 **zu beleben:** hier: zu interessieren | 34 f. **Galanterie:** höfliches, zuvorkommendes Verhalten (gegenüber Damen)

spritzen; anders verhalte es sich aber mit dem heimtückischen Anfall des Mörders, wider den man sich nicht wappnen könne. Ludwig, der leuchtende Polarstern aller Liebe und Galanterie, der möge hellaufstrahlend die finstre Nacht zerstreuen, und so das schwarze Geheimnis, das darin verborgen, enthüllen. Der göttliche Held, der seine Feinde niedergeschmettert, werde nun auch sein siegreich funkelndes Schwert zücken, und wie Herkules die Lernäische Schlange, wie Theseus den Minotaur, das bedrohliche Ungeheuer bekämpfen, das alle Liebeslust wegzehre, und alle Freude verdüstre in tiefes Leid, in trostlose Trauer. ↗ ↗

So ernst die Sache auch war, so fehlte es diesem Gedicht doch nicht, vorzüglich in der Schilderung, wie die Liebhaber auf dem heimlichen Schleichwege zur Geliebten sich ängstigen müssten, wie die Angst schon alle Liebeslust, jedes schöne Abenteuer der Galanterie im Aufkeimen töte, an geistreich-witzigen Wendungen. Kam nun noch hinzu, dass beim Schluss alles in einen hochtrabenden Panegyrikus auf Ludwig den XIV. ausging, so konnte es nicht fehlen, dass der König das Gedicht mit sichtlichem Wohlgefallen durchlas. Damit zustande gekommen, drehte er sich, die Augen nicht wegwendend von dem Papier, rasch um zur Maintenon, las das Gedicht noch einmal mit lauter Stimme ab, und fragte dann anmutig lächelnd, was sie von den Wünschen der gefährdeten Liebhaber halte? Die Maintenon, ihrem ernsten Sinne treu und immer in der Farbe einer gewissen Frömmigkeit, erwiderte, dass geheime verbotene Wege eben keines besondern Schutzes würdig, die entsetzlichen Verbrecher aber wohl besonderer Maßregeln zu ihrer Vertilgung wert wären. Der König, mit dieser schwankenden Antwort unzufrieden, schlug das Papier zusammen, und wollte zurück zu dem Staatssekretär, der in dem andern Zimmer arbeitete, als ihm bei einem Blick, den er seitwärts warf, die Scuderi ins Auge fiel, die zugegen war, und eben unfern der Maintenon auf einem kleinen Lehnsessel Platz genommen hatte. Auf diese schritt er nun los; das anmutige Lächeln, das erst um Mund und Wangen spielte,

3 **Polarstern:** hier: unverrückbarer Bezugspunkt. | 18 **Panegyrikus:** überschwengliches Lob- oder Festgedicht | 31 **schlug … zusammen:** faltete … zusammen

und das verschwunden, gewann wieder Oberhand, und dicht vor dem Fräulein stehend, und das Gedicht wieder auseinanderfaltend, sprach er sanft: »Die Marquise mag nun einmal von den Galanterien unserer verliebten Herren nichts wissen, und weicht mir aus auf Wegen, die nichts weniger als verboten sind. Aber Ihr, mein Fräulein, was haltet Ihr von dieser dichterischen Supplik?« – Die Scuderi stand ehrerbietig auf von ihrem Lehnsessel, ein flüchtiges Rot überflog wie Abendpurpur die blassen Wangen der alten würdigen Dame, sie sprach, sich leise verneigend, mit niedergeschlagenen Augen:

»Un amant qui craint les voleurs
n'est point digne d'amour.«

Der König, ganz erstaunt über den ritterlichen Geist dieser wenigen Worte, die das ganze Gedicht mit seinen ellenlangen Tiraden zu Boden schlugen, rief mit blitzenden Augen: »Beim heiligen Dionys, Ihr habt Recht, Fräulein! Keine blinde Maßregel, die den Unschuldigen trifft mit dem Schuldigen, soll die Feigheit schützen; mögen Argenson und la Regnie das Ihrige tun!« –

Alle die Gräuel der Zeit schilderte nun die Martiniere mit den lebhaftesten Farben, als sie am andern Morgen ihrem Fräulein erzählte, was sich in voriger Nacht zugetragen, und übergab ihr zitternd und zagend das geheimnisvolle Kästchen. Sowohl sie als Baptiste, der ganz verblasst in der Ecke stand, und vor Angst und Beklommenheit die Nachtmütze in den Händen knetend, kaum sprechen konnte, baten das Fräulein auf das Wehmütigste um aller Heiligen willen, doch nur mit möglichster Behutsamkeit das Kästchen zu öffnen. Die Scuderi, das verschlossene Geheimnis in der Hand wiegend und prüfend, sprach lächelnd: »Ihr seht beide Gespenster! – Dass ich nicht reich bin, dass bei mir keine Schätze, eines Mordes wert, zu holen sind, das wissen die verruchten Meuchelmörder da

---

7 **Supplik:** Bittschrift | 12 f. **»Un amant … d'amour.«:** »Ein Liebender, der die Diebe fürchtet, ist der Liebe nicht würdig.« | 16 **Tiraden:** Wortschwall | 25 **verblasst:** ganz blass geworden | 34 **Meuchelmörder:** hinterhältige Mörder

draußen, die, wie ihr selbst sagt, das Innerste der Häuser erspähen, wohl ebenso gut als ich und ihr. Auf mein Leben soll es abgesehen sein? Wem kann was an dem Tode liegen einer Person von dreiundsiebzig Jahren, die niemals andere verfolgte als die Bösewichter und Friedenstörer in den Romanen, die sie selbst schuf, die mittelmäßige Verse macht, welche niemandes Neid erregen können, die nichts hinterlassen wird, als den Staat des alten Fräuleins, das bisweilen an den Hof ging, und ein paar Dutzend gut eingebundener Bücher mit vergoldetem Schnitt! Und du, Martiniere! du magst nun die Erscheinung des fremden Menschen so schreckhaft beschreiben wie du willst, doch kann ich nicht glauben, dass er Böses im Sinne getragen.

Also!« –

Die Martiniere prallte drei Schritte zurück, Baptiste sank mit einem dumpfen Ach! halb in die Knie, als das Fräulein nun an einen hervorragenden stählernen Knopf drückte, und der Deckel des Kästchens mit Geräusch aufsprang.

Wie erstaunte das Fräulein, als ihr aus dem Kästchen ein Paar goldne, reich mit Juwelen besetzte Armbänder, und eben ein solcher Halsschmuck entgegenfunkelten. Sie nahm das Geschmeide heraus, und indem sie die wundervolle Arbeit des Halsschmucks lobte, beäugelte die Martiniere die reichen Armbänder, und rief einmal über das andere, dass ja selbst die eitle Montespan nicht solchen Schmuck besitze. ↗ »Aber was soll das, was hat das zu bedeuten«, sprach die Scuderi. In dem Augenblick gewahrte sie auf dem Boden des Kästchens einen kleinen zusammengefalteten Zettel. Mit Recht hoffte sie den Aufschluss des Geheimnisses darin zu finden. Der Zettel, kaum hatte sie, was er enthielt, gelesen, entfiel ihren zitternden Händen. Sie warf einen sprechenden Blick zum Himmel, und sank dann wie halb ohnmächtig in den Lehnsessel zurück. Erschrocken sprang die Martiniere, sprang Baptiste ihr bei. »O«, rief sie nun mit von Tränen halb erstickter Stimme, »o der Kränkung, o der tiefen Beschämung! Muss mir das noch geschehen im hohen Alter! Hab ich denn im törichten Leichtsinn gefre-

10 **mit vergoldetem Schnitt:** Bei wertvollen Büchern werden oft die drei offenliegenden Schnittflächen des Buchblocks vergoldet. | 22 **Geschmeide:** glänzender Schmuck | 23 **beäugelte:** betrachtete genau

velt, wie ein junges, unbesonnenes Ding? – O Gott, sind Worte, halb im Scherz hingeworfen, solcher grässlichen Deutung fähig! – Darf dann mich, die ich der Tugend getreu und der Frömmigkeit tadellos blieb von Kindheit an, darf dann mich das Verbrechen des teuflischen Bündnisses zeihen?«

Das Fräulein hielt das Schnupftuch vor die Augen und weinte und schluchzte heftig, sodass die Martiniere und Baptiste ganz verwirrt und beklommen nicht wussten, wie ihrer guten Herrschaft beistehen in ihrem großen Schmerz.

Die Martiniere hatte den verhängnisvollen Zettel von der Erde aufgehoben. Auf demselben stand:

»Un amant qui craint les voleurs
n'est point digne d'amour.

Euer scharfsinniger Geist, hochgeehrte Dame, hat uns, die wir an der Schwäche und Feigheit das Recht des Stärkern üben, und uns Schätze zueignen, die auf unwürdige Weise vergeudet werden sollten, von großer Verfolgung errettet. Als einen Beweis unserer Dankbarkeit nehmet gütig diesen Schmuck an. Es ist das Kostbarste, was wir seit langer Zeit haben auftreiben können, wiewohl Euch, würdige Dame! viel schöneres Geschmeide zieren sollte, als dieses nun eben ist. Wir bitten, dass Ihr uns Eure Freundschaft und Euer huldvolles Andenken nicht entziehen möget.

Die Unsichtbaren.«

»Ist es möglich«, rief die Scuderi, als sie sich einigermaßen erholt hatte, »ist es möglich, dass man die schamlose Frechheit, den verruchten Hohn so weit treiben kann?« – Die Sonne schien hell durch die Fenstergardinen von hochroter Seide, und so kam es, dass die Brillanten, welche auf dem Tische neben dem offenen Kästchen lagen, in rötlichem Schimmer aufblitzten. Hinblickend verhüllte die Scuderi voll Entsetzen das Gesicht, und befahl der Martiniere, das fürchterliche Geschmeide, an dem das Blut der Ermordeten klebe, augenblicklich fortzuschaffen. Die Martiniere, nachdem sie Halsschmuck und Armbänder sogleich in das Kästchen verschlossen, meinte, dass es wohl am Geratensten sein würde, die Juwelen dem Polizeiminister zu übergeben, und ihm zu vertrauen, wie sich alles mit der beängstigenden Erscheinung des jungen Menschen und der Einhändigung des Kästchens zugetragen.

Die Scuderi stand auf und schritt schweigend langsam im Zimmer auf und nieder, als sinne sie erst nach, was nun zu tun sei. Dann befahl sie dem Baptiste, einen Tragsessel zu holen, der Martiniere aber, sie anzukleiden, weil sie auf der Stelle hinwolle zur Marquise de Maintenon.

Sie ließ sich hintragen zur Marquise gerade zu der Stunde, wenn diese, wie die Scuderi wusste, sich allein in ihren Gemächern befand. Das Kästchen mit den Juwelen nahm sie mit sich.

Wohl musste die Marquise sich hoch verwundern, als sie das Fräulein, sonst die Würde, ja trotz ihrer hohen Jahre, die Liebenswürdigkeit, die Anmut selbst, eintreten sah blass, entstellt, mit wankenden Schritten. »Was um aller Heiligen willen ist Euch widerfahren?«, rief sie der armen, beängsteten Dame entgegen, die, ganz außer sich selbst, kaum imstande, sich aufrecht zu erhalten, nur schnell den Lehnsessel zu erreichen suchte, den ihr die Marquise hinschob. Endlich des Wortes wieder mächtig, erzählte das Fräulein, welche tiefe, nicht zu verschmerzende Kränkung ihr jener unbedachtsame Scherz, mit dem sie die Supplik der gefährdeten Liebhaber beantwortet, zugezogen habe. Die Marquise, nachdem sie alles von Moment zu Moment erfahren, urteilte, dass die Scuderi sich das sonderbare Ereignis viel zu sehr zu Herzen nehme, dass der Hohn verruchten Gesindels nie ein frommes, edles Gemüt treffen könne, und verlangte zuletzt den Schmuck zu sehen.

Die Scuderi gab ihr das geöffnete Kästchen, und die Marquise konnte sich, als sie das köstliche Geschmeide erblickte, des lauten Ausrufs der Verwunderung nicht erwehren. Sie nahm den Halsschmuck, die Armbänder heraus und trat damit an das Fenster, wo sie bald die Juwelen an der Sonne

21 **beängsteten:** verängstigten | 26 **Supplik:** vgl. Fn. 18,7 | 30 f. **verruchten:** verdorbenen, verschrienen

spielen ließ, bald die zierliche Goldarbeit ganz nahe vor die Augen hielt, um nur recht zu erschauen, mit welcher wundervollen Kunst jedes kleine Häkchen der verschlungenen Ketten gearbeitet war.

Auf einmal wandte sich die Marquise rasch um nach dem Fräulein und rief: »Wisst Ihr wohl, Fräulein! dass diese Armbänder, diesen Halsschmuck niemand anders gearbeitet haben kann, als René Cardillac?« – René Cardillac war damals der geschickteste Goldarbeiter in Paris, einer der kunstreichsten und zugleich sonderbarsten Menschen seiner Zeit. Eher klein als groß, aber breitschultrig und von starkem, muskulösem Körperbau hatte Cardillac, hoch in die funfziger Jahre vorgerückt, noch die Kraft, die Beweglichkeit des Jünglings. Von dieser Kraft, die ungewöhnlich zu nennen, zeugte auch das dicke, krause, rötliche Haupthaar und das gedrungene, gleißende Antlitz. Wäre Cardillac nicht in ganz Paris als der rechtlichste Ehrenmann, uneigennützig, offen, ohne Hinterhalt, stets zu helfen bereit, bekannt gewesen, sein ganz besonderer Blick aus kleinen, tiefliegenden, grün funkelnden Augen hätten ihn in den Verdacht heimlicher Tücke und Bosheit bringen können. Wie gesagt, Cardillac war in seiner Kunst der Geschickteste nicht sowohl in Paris, als vielleicht überhaupt seiner Zeit. Innig vertraut mit der Natur der Edelsteine, wusste er sie auf eine Art zu behandeln und zu fassen, dass der Schmuck, der erst für unscheinbar gegolten, aus Cardillacs Werkstatt hervorging in glänzender Pracht. Jeden Auftrag übernahm er mit brennender Begierde und machte einen Preis, der, so geringe er war, mit der Arbeit in keinem Verhältnis zu stehen schien. Dann ließ ihm das Werk keine Ruhe, Tag und Nacht hörte man ihn in seiner Werkstatt hämmern und oft, war die Arbeit beinahe vollendet, missfiel ihm plötzlich die Form, er zweifelte an der Zierlichkeit irgendeiner Fassung der Juwelen, irgendeines kleinen Häkchens – Anlass genug, die ganze Arbeit wieder in den Schmelztiegel zu werfen und von neuem anzufangen. So wurde jede Arbeit ein reines, unübertreffliches Meisterwerk, das den Besteller in Er-

---

13 **funfziger:** fünfziger | 16 **gleißende:** leuchtende, glänzende

staunen setzte. Aber nun war es kaum möglich, die fertige Arbeit von ihm zu erhalten. Unter tausend Vorwänden hielt er den Besteller hin von Woche zu Woche, von Monat zu Monat. Vergebens bot man ihm das Doppelte für die Arbeit, nicht einen Louis mehr als den bedungenen Preis wollte er nehmen. Musste er dann endlich dem Andringen des Bestellers weichen, und den Schmuck herausgeben, so konnte er sich aller Zeichen des tiefsten Verdrusses, ja einer innern Wut, die in ihm kochte, nicht erwehren. Hatte er ein bedeutenderes, vorzüglich reiches Werk, vielleicht viele Tausende an Wert, bei der Kostbarkeit der Juwelen, bei der überzierlichen Goldarbeit abliefern müssen, so war er imstande, wie unsinnig umherzulaufen, sich, seine Arbeit, alles um sich her verwünschend. Aber sowie einer hinter ihm herrannte und laut schrie: »René Cardillac, möchtet Ihr nicht einen schönen Halsschmuck machen für meine Braut – Armbänder für mein Mädchen u. s. w.« dann stand er plötzlich still, blitzte den an mit seinen kleinen Augen und fragte, die Hände reibend: »Was habt Ihr denn?« Der zieht nun ein Schächtelchen hervor und spricht: »Hier sind Juwelen, viel Sonderliches ist es nicht, gemeines Zeug, doch unter Euern Händen –« Cardillac lässt ihn nicht ausreden, reißt ihm das Schächtelchen aus den Händen, nimmt die Juwelen heraus, die wirklich nicht viel wert sind, hält sie gegen das Licht und ruft voll Entzücken: »Ho ho – gemeines Zeug? – mitnichten! – hübsche Steine – herrliche Steine, lasst mich nur machen! – und wenn es Euch auf eine Handvoll Louis nicht ankommt, so will ich noch ein paar Steinchen hineinbringen, die Euch in die Augen funkeln sollen wie die liebe Sonne selbst –« Der spricht: »Ich überlasse Euch alles, Meister René, und zahle, was Ihr wollt!« Ohne Unterschied, mag er nun ein reicher Bürgersmann oder ein vornehmer Herr vom Hofe sein, wirft sich Cardillac ungestüm an seinen Hals, und drückt und küsst ihn und spricht, nun sei er wieder ganz glücklich und in acht Tagen werde die Arbeit fertig sein. Er rennt über Hals und Kopf nach Hause, hinein in die Werkstatt, und hämmert darauf los,

---

5 **Louis:** französische Goldmünze (Louis d'or) | 5 **bedungenen:** ausgehandelten

und in acht Tagen ist ein Meisterwerk zustande gebracht. Aber sowie der, der es bestellte, kommt, mit Freuden die geforderte geringe Summe bezahlen, und den fertigen Schmuck mitnehmen will, wird Cardillac verdrüsslich, grob, trotzig. – »Aber Meister Cardillac, bedenkt, morgen ist meine Hochzeit.« »Was schert mich Eure Hochzeit, fragt in vierzehn Tagen wieder nach.« – »Der Schmuck ist fertig, hier liegt das Geld, ich muss ihn haben.« – »Und ich sage Euch, dass ich noch manches an dem Schmuck ändern muss, und ihn heute nicht herausgeben werde.« – »Und ich sage Euch, dass wenn Ihr mir den Schmuck, den ich Euch allenfalls doppelt bezahlen will, nicht herausgebt im Guten, Ihr mich gleich mit Argensons dienstbaren Trabanten anrücken sehen sollt.« »Nun, so quäle Euch der Satan mit hundert glühenden Kneipzangen, und hänge drei Zentner an den Halsschmuck, damit er Eure Braut erdrossle!« – Und damit steckt Cardillac dem Bräutigam den Schmuck in die Busentasche, ergreift ihn beim Arm, wirft ihn zur Stubentür hinaus, dass er die ganze Treppe hinabpoltert, und lacht wie der Teufel zum Fenster hinaus, wenn er sieht, wie der arme junge Mensch, das Schnupftuch vor der blutigen Nase, aus dem Hause hinaushinkt. – Gar nicht zu erklären war es auch, dass Cardillac oft, wenn er mit Enthusiasmus eine Arbeit übernahm, plötzlich den Besteller mit allen Zeichen des im Innersten aufgeregten Gemüts, mit den erschütterndsten Beteurungen, ja unter Schluchzen und Tränen, bei der Jungfrau und allen Heiligen beschwor, ihm das unternommene Werk zu erlassen. Manche der von dem Könige, von dem Volke hochgeachtetsten Personen hatten vergebens große Summen geboten, um nur das kleinste Werk von Cardillac zu erhalten. Er warf sich dem Könige zu Füßen und flehte um die Huld, nichts für ihn arbeiten zu dürfen. Ebenso verweigerte er der Maintenon jede Bestellung, ja mit dem Ausdruck des Abscheues und Entsetzens verwarf er den Antrag derselben, einen kleinen, mit den Emblemen der Kunst verzierten Ring zu fertigen, den Racine von ihr erhalten sollte.

---

13 f. **Trabanten:** Begleiter, hier: Polizeidiener | 24 **Enthusiasmus:** Begeisterung | 28 **das unternommene Werk:** das in Auftrag genommene Werk | 37 **Racine:** Jean Racine (1639–1699), einer der wichtigsten französischen Dichter, vor allem Tragödiendichter

»Ich wette«, sprach daher die Maintenon, »ich wette, dass Cardillac, schicke ich auch hin zu ihm, um wenigstens zu erfahren, für wen er diesen Schmuck fertigte, sich weigert herzukommen, weil er vielleicht eine Bestellung fürchtet und doch durchaus nichts für mich arbeiten will. Wiewohl er seit einiger Zeit abzulassen scheint von seinem starren Eigensinn, denn wie ich höre, arbeitet er jetzt fleißiger als je, und liefert seine Arbeit ab auf der Stelle, jedoch noch immer mit tiefem Verdruss und weggewandtem Gesicht.« Die Scuderi, der auch viel daran gelegen, dass, sei es noch möglich, der Schmuck bald in die Hände des rechtmäßigen Eigentümers komme, meinte, dass man dem Meister Sonderling ja gleich sagen lassen könne, wie man keine Arbeit, sondern nur sein Urteil über Juwelen verlange. Das billigte die Marquise. Es wurde nach Cardillac geschickt, und, als sei er schon auf dem Wege gewesen, trat er nach Verlauf weniger Zeit in das Zimmer.

Er schien, als er die Scuderi erblickte, betreten und wie einer, der, von dem Unerwarteten plötzlich getroffen, die Ansprüche des Schicklichen, wie sie der Augenblick darbietet, vergisst, neigte er sich zuerst tief und ehrfurchtsvoll vor dieser ehrwürdigen Dame, und wandte sich dann erst zur Marquise. Die frug ihn hastig, indem sie auf das Geschmeide wies, das auf dem dunkelgrün behängten Tisch funkelte, ob das seine Arbeit sei? Cardillac warf kaum einen Blick darauf und packte, der Marquise ins Gesicht starrend, Armbänder und Halsschmuck schnell ein in das Kästchen, das daneben stand, und das er mit Heftigkeit von sich weg schob. Nun sprach er, indem ein hässliches Lächeln auf seinem roten Antlitze gleißte: »In der Tat, Frau Marquise, man muss René Cardillacs Arbeit schlecht kennen, um nur einen Augenblick zu glauben, dass irgendein anderer Goldschmied in der Welt solchen Schmuck fassen könne. Freilich ist das meine Arbeit.« »So sagt denn«, fuhr die Marquise fort, »für wen Ihr diesen Schmuck gefertigt habt.« »Für mich ganz allein«, erwiderte Cardillac, »ja Ihr möget«, fuhr er fort, als beide, die Maintenon und die Scuderi ihn ganz

---

12 f. **Meister Sonderling:** Einzelgänger | 30 **gleißte:** glänzte

verwundert anblickten, jene voll Misstrauen, diese voll banger Erwartung, wie sich nun die Sache wenden würde, »ja Ihr möget das nun seltsam finden, Frau Marquise, aber es ist dem so. Bloß der schönen Arbeit willen suchte ich meine besten Steine zusammen, und arbeitete aus Freude daran fleißiger und sorgfältiger als jemals. Vor weniger Zeit verschwand der Schmuck aus meiner Werkstatt auf unbegreifliche Weise.« »Dem Himmel sei es gedankt«, rief die Scuderi, indem ihr die Augen vor Freude funkelten, und sie rasch und behände wie ein junges Mädchen von ihrem Lehnsessel aufsprang, auf den Cardillac losschritt, und beide Hände auf seine Schultern legte, »empfangt«, sprach sie dann, »empfangt, Meister René, das Eigentum, das Euch verruchte Spitzbuben raubten, wieder zurück.« Nun erzählte sie ausführlich, wie sie zu dem Schmuck gekommen. Cardillac hörte alles schweigend mit niedergeschlagenen Augen an. Nur mitunter stieß er ein unvernehmliches Hm! – So! – Ei! – Hoho! – aus und warf bald die Hände auf den Rücken, bald streichelte er leise Kinn und Wange. Als nun die Scuderi geendet, war es, als kämpfe Cardillac mit ganz besondern Gedanken, die währenddessen ihm gekommen, und als wolle irgendein Entschluss sich nicht fügen und fördern. Er rieb sich die Stirne, er seufzte, er fuhr mit der Hand über die Augen, wohl gar um hervorbrechenden Tränen zu steuern. Endlich ergriff er das Kästchen, das ihm die Scuderi darbot, ließ sich auf ein Knie langsam nieder und sprach: »Euch, edles, würdiges Fräulein! hat das Verhängnis diesen Schmuck bestimmt. Ja nun weiß ich es erst, dass ich während der Arbeit an Euch dachte, ja für Euch arbeitete. Verschmäht es nicht, diesen Schmuck als das Beste, was ich wohl seit langer Zeit gemacht, von mir anzunehmen und zu tragen.« »Ei, ei«, erwiderte die Scuderi anmutig scherzend, »wo denkt Ihr hin, Meister René, steht es mir denn an, in meinen Jahren mich noch so herauszuputzen mit blanken Steinen? – Und wie kömmt Ihr denn dazu, mich so überreich zu beschenken? Geht, geht, Meister René, wär ich schön wie die Marquise de Fontange und reich, in der Tat, ich ließe den

24 **zu steuern:** zu unterdrücken | 35 **kömmt:** kommt

Schmuck nicht aus den Händen, aber was soll diesen welken Armen die eitle Pracht, was soll diesem verhüllten Hals der glänzende Putz?« Cardillac hatte sich indessen erhoben und sprach, wie außer sich, mit verwildertem Blick, indem er fortwährend das Kästchen der Scuderi hinhielt: »Tut mir die Barmherzigkeit, Fräulein, und nehmt den Schmuck. Ihr glaubt es nicht, welche tiefe Verehrung ich für Eure Tugend, für Eure hohe Verdienste im Herzen trage! Nehmt doch mein geringes Geschenk nur für das Bestreben an, Euch recht meine innerste Gesinnung zu beweisen.« – Als nun die Scuderi immer noch zögerte und zögerte, nahm die Maintenon das Kästchen aus Cardillacs Händen, sprechend: »Nun beim Himmel, Fräulein, immer redet Ihr von Euern hohen Jahren, was haben wir, ich und Ihr mit den Jahren zu schaffen und ihrer Last! – Und tut Ihr denn nicht eben wie ein junges verschämtes Ding, das gern zulangen möchte nach der dargebotnen süßen Frucht, könnte das nur geschehen ohne Hand und ohne Finger. – Schlagt dem wackern Meister René nicht ab, das freiwillig als Geschenk zu empfangen, was tausend andere nicht erhalten können, alles Goldes, alles Bittens und Flehens unerachtet –«

Die Maintenon hatte der Scuderi das Kästchen währenddessen aufgedrungen und nun stürzte Cardillac nieder auf die Knie – küsste der Scuderi den Rock – die Hände – stöhnte – seufzte – weinte – schluchzte – sprang auf – rannte wie unsinnig, Sessel – Tische umstürzend, dass Porzellain, Gläser zusammenklirrten, in toller Hast von dannen. –

Ganz erschrocken rief die Scuderi: »Um aller Heiligen willen, was widerfährt dem Menschen!« Doch die Marquise, in besonderer heiterer Laune bis zu sonst ihr ganz fremdem Mutwillen, schlug eine helle Lache auf und sprach: »Da haben wir's Fräulein, Meister René ist in Euch sterblich verliebt, und beginnt nach richtigem Brauch und bewährter Sitte echter Galanterie Euer Herz zu bestürmen mit reichen Geschenken.« Die Maintenon führte diesen Scherz weiter aus, indem sie die Scuderi ermahnte, nicht zu grausam zu sein gegen den verzweifelten Liebhaber, und

31 **schlug eine helle Lache auf:** lachte hell (künstlich)

diese wurde, Raum gebend angeborner Laune, hingerissen in den sprudelnden Strom tausend lustiger Einfälle. Sie meinte, dass sie, stünden die Sachen nun einmal so, endlich besiegt wohl nicht werde umhin können, der Welt das unerhörte Beispiel einer dreiundsiebzigjährigen Goldschmiedsbraut von untadelichem Adel aufzustellen. Die Maintenon erbot sich, die Brautkrone zu flechten und sie über die Pflichten einer guten Hausfrau zu belehren, wovon freilich so ein kleiner Kick-in-die-Welt von Mädchen nicht viel wissen könne.

Da nun endlich die Scuderi aufstand, um die Marquise zu verlassen, wurde sie alles lachenden Scherzes ungeachtet doch wieder sehr ernst, als ihr das Schmuckkästchen zur Hand kam. Sie sprach: »Doch, Frau Marquise! werde ich mich dieses Schmuckes niemals bedienen können. Er ist, mag es sich nun zugetragen haben wie es will, einmal in den Händen jener höllischen Gesellen gewesen, die mit der Frechheit des Teufels, ja wohl gar in verdammtem Bündnis mit ihm, rauben und morden. Mir graust vor dem Blute, das an dem funkelnden Geschmeide zu kleben scheint. – Und nun hat selbst Cardillacs Betragen, ich muss es gestehen, für mich etwas sonderbar Ängstliches und Unheimliches. Nicht erwehren kann ich mir einer dunklen Ahnung, dass hinter diesem allem irgendein grauenvolles, entsetzliches Geheimnis verborgen, und bringe ich mir die ganze Sache recht deutlich vor Augen mit jedem Umstande, so kann ich doch wieder gar nicht auch nur ahnen, worin das Geheimnis bestehe, und wie überhaupt der ehrliche, wackere Meister René, das Vorbild eines guten, frommen Bürgers, mit irgendetwas Bösem, Verdammlichem zu tun haben soll. So viel ist aber gewiss, dass ich niemals mich unterstehen werde, den Schmuck anzulegen.«

Die Marquise meinte, das hieße die Skrupel zu weit treiben; als nun aber die Scuderi sie auf ihr Gewissen fragte, was sie in ihrer, der Scuderi Lage, wohl tun würde, antwortete sie ernst und fest: »Weit eher den Schmuck in die Seine werfen, als ihn jemals tragen.«

---

9 **Kick-in-die-Welt:** Guck-in-die-Welt, ein kleines Kind, ein unerfahrener Mensch | 22 **Ängstliches:** Ängstigendes | 33 **Skrupel:** Bedenken, Zweifel | 36 **Seine:** Fluss, der durch Paris fließt

Den Auftritt mit dem Meister René brachte die Scuderi in gar anmutige Verse, die sie den folgenden Abend in den Gemächern der Maintenon dem Könige vorlas. Wohl mag es sein, dass sie auf Kosten Meister Renés, alle Schauer unheimlicher Ahnung besiegend, das ergötzliche Bild der dreiundsiebzigjährigen Goldschmiedsbraut von uraltem Adel mit lebendigen Farben darzustellen gewusst. Genug, der König lachte bis ins Innerste hinein und schwur, dass Boileau Despreux seinen Meister gefunden, weshalb der Scuderi Gedicht für das Witzigste galt, das jemals geschrieben.

Mehrere Monate waren vergangen, als der Zufall es wollte, dass die Scuderi in der Glaskutsche der Herzogin von Montansier über den Pontneuf fuhr. Noch war die Erfindung der zierlichen Glaskutschen so neu, dass das neugierige Volk sich zudrängte, wenn ein Fuhrwerk der Art auf den Straßen erschien. So kam es denn auch, dass der gaffende Pöbel auf dem Pontneuf die Kutsche der Montansier umringte, beinahe den Schritt der Pferde hemmend. Da vernahm die Scuderi plötzlich ein Geschimpfe und Gefluche und gewahrte, wie ein Mensch mit Faustschlägen und Rippenstößen sich Platz machte durch die dickste Masse. Und wie er näher kam, trafen sie die durchbohrenden Blicke eines todbleichen, gramverstörten Jünglingsantlitzes. Unverwandt schaute der junge Mensch sie an, während er mit Ellbogen und Fäusten rüstig vor sich wegarbeitete, bis er an den Schlag des Wagens kam, den er mit stürmender Hastigkeit aufriss, der Scuderi einen Zettel in den Schoß warf, und Stöße, Faustschläge austeilend und empfangend, verschwand wie er gekommen. Mit einem Schrei des Entsetzens war, sowie der Mensch am Kutschenschlage erschien, die Martiniere, die sich bei der Scuderi befand, entseelt in die Wagenkissen zurückgesunken. Vergebens riss die Scuderi an der Schnur, rief dem Kutscher zu, der, wie vom bösen Geiste getrieben, peitschte auf die Pferde los, die den Schaum von den Mäulern wegspritzend, um sich schlugen, sich bäumten, endlich in scharfem Trab fortdonnerten über

18 **Pöbel:** hier: Volk | 26 **rüstig:** kräftig | 27 **Schlag des Wagens:** Wagentür | 32 **entseelt:** ohnmächtig

die Brücke. Die Scuderi goss ihr Riechfläschchen über die ohnmächtige Frau aus, die endlich die Augen aufschlug und zitternd und bebend, sich krampfhaft festklammernd an die Herrschaft, Angst und Entsetzen im bleichen Antlitz, mühsam stöhnte: »Um der heiligen Jungfrau willen! was wollte der fürchterliche Mensch? – Ach! er war es ja, er war es, derselbe, der Euch in jener schauervollen Nacht das Kästchen brachte!« – Die Scuderi beruhigte die Arme, indem sie ihr vorstellte, dass ja durchaus nichts Böses geschehen, und dass es nur darauf ankomme, zu wissen, was der Zettel enthalte. Sie schlug das Blättchen auseinander und fand die Worte:

»Ein böses Verhängnis, das Ihr abwenden konntet, stößt mich in den Abgrund! – Ich beschwöre Euch, wie der Sohn die Mutter, von der er nicht lassen kann, in der vollsten Glut kindlicher Liebe, den Halsschmuck und die Armbänder, die Ihr durch mich erhieltet, unter irgendeinem Vorwand – um irgendetwas daran bessern – ändern zu lassen, zum Meister René Cardillac zu schaffen; Euer Wohl, Euer Leben hängt davon ab. Tut Ihr es nicht bis übermorgen, so dringe ich in Eure Wohnung und ermorde mich vor Euern Augen!«

»Nun ist es gewiss«, sprach die Scuderi, als sie dies gelesen, »dass, mag der geheimnisvolle Mensch auch wirklich zu der Bande verruchter Diebe und Mörder gehören, er doch gegen mich nichts Böses im Schilde führt. Wäre es ihm gelungen, mich in jener Nacht zu sprechen, wer weiß, welches sonderbare Ereignis, welch dunkles Verhältnis der Dinge mir klar worden, von dem ich jetzt auch nur die leiseste Ahnung vergebens in meiner Seele suche. Mag aber auch die Sache sich nun verhalten, wie sie will, das was mir in diesem Blatt geboten wird, werde ich tun, und geschähe es auch nur, um den unseligen Schmuck loszuwerden, der mir ein höllischer Talisman des Bösen selbst dünkt. Cardillac wird ihn doch wohl nun, seiner alten Sitte getreu, nicht so leicht wieder aus den Händen geben wollen.«

Schon andern Tages gedachte die Scuderi, sich mit dem

1 **Riechfläschchen:** Fläschchen mit stark riechender Substanz, das man geöffnet Ohnmächtigen eigentlich unter die Nase hält, um sie wieder zu Bewusstsein zu bringen | 31 **geboten:** aufgetragen

Schmuck zu dem Goldschmied zu begeben. Doch war es, als hätten alle schönen Geister von ganz Paris sich verabredet, gerade an dem Morgen das Fräulein mit Versen, Schauspielen, Anekdoten zu bestürmen. Kaum hatte la Chapelle die Szene eines Trauerspiels geendet, und schlau versichert, dass er nun wohl Racine zu schlagen gedenke, als dieser selbst eintrat, und ihn mit irgendeines Königs pathetischer Rede zu Boden schlug, bis Boileau seine Leuchtkugeln in den schwarzen tragischen Himmel steigen ließ, um nur nicht ewig von der Kolonnade des Louvre schwatzen zu hören, in die ihn der architektische Doktor Perrault hineingeengt.

Hoher Mittag war geworden, die Scuderi musste zur Herzogin Montansier, und so blieb der Besuch bei Meister René Cardillac bis zum andern Morgen verschoben.

Die Scuderi fühlte sich von einer besondern Unruhe gepeinigt. Beständig vor Augen stand ihr der Jüngling und aus dem tiefsten Innern wollte sich eine dunkle Erinnerung aufregen, als habe sie dies Antlitz, diese Züge schon gesehen. Den leisesten Schlummer störten ängstliche Träume, es war ihr, als habe sie leichtsinnig, ja strafwürdig versäumt, die Hand hülfreich zu erfassen, die der Unglückliche, in den Abgrund versinkend, nach ihr emporgestreckt, ja als sei es an ihr gewesen, irgendeinem verderblichen Ereignis, einem heillosen Verbrechen zu steuern! – Sowie es nur hoher Morgen, ließ sie sich ankleiden, und fuhr, mit dem Schmuckkästchen versehen, zu dem Goldschmied hin.

Nach der Straße Nicaise, dorthin, wo Cardillac wohnte, strömte das Volk, sammelte sich vor der Haustüre – schrie, lärmte, tobte – wollte stürmend hinein, mit Mühe abgehalten von der Marechaussee, die das Haus umstellt. Im wilden, verwirrten Getöse riefen zornige Stimmen: »Zerreißt, zermalmt den verfluchten Mörder!« – Endlich erscheint Desgrais mit zahlreicher Mannschaft, die bildet durch den dicksten Haufen eine Gasse. Die Haustüre springt auf, ein Mensch mit Ketten belastet, wird hinausgebracht und unter den gräulichsten Verwünschungen des wütenden Pöbels

---

6 **Racine:** vgl. Fn. 24,37 | 8 **Boileau:** vgl. Anm. zu 29,9 | 10 **Kolonnade:** Säulengang | 22 **hülfreich:** helfend | 25 f. **hoher Morgen:** heller Morgen

fortgeschleppt. – In dem Augenblick, als die Scuderi halb entseelt vor Schreck und furchtbarer Ahnung dies gewahrt, dringt ein gellendes Jammergeschrei ihr in die Ohren. »Vor! – weiter vor!«, ruft sie ganz außer sich dem Kutscher zu, der mit einer geschickten, raschen Wendung den dicken Haufen auseinanderstäubt und dicht vor Cardillacs Haustüre hält. Da sieht die Scuderi Desgrais und zu seinen Füßen ein junges Mädchen, schön wie der Tag, mit aufgelösten Haaren, halb entkleidet, wilde Angst, trostlose Verzweiflung im Antlitz, die hält seine Knie umschlungen und ruft mit dem Ton des entsetzlichsten, schneidendsten Todesschmerzes: »Er ist ja unschuldig! – er ist unschuldig!« Vergebens sind Desgrais', vergebens seiner Leute Bemühungen, sie loszureißen, sie vom Boden aufzurichten. Ein starker, ungeschlachter Kerl ergreift endlich mit plumpen Fäusten die Arme, zerrt sie mit Gewalt weg von Desgrais, strauchelt ungeschickt, lässt das Mädchen fahren, die hinabschlägt die steinernen Stufen, und lautlos – tot auf der Straße liegen bleibt. Länger kann die Scuderi sich nicht halten. »In Christus' Namen, was ist geschehen, was geht hier vor?«, ruft sie, öffnet rasch den Schlag, steigt aus. – Ehrerbietig weicht das Volk der würdigen Dame, die, als sie sieht, wie ein paar mitleidige Weiber das Mädchen aufgehoben, auf die Stufen gesetzt haben, ihr die Stirne mit starkem Wasser reiben, sich dem Desgrais nähert, und mit Heftigkeit ihre Frage wiederholt. »Es ist das Entsetzliche geschehen«, spricht Desgrais, »René Cardillac wurde heute Morgen durch einen Dolchstich ermordet gefunden. Sein Geselle Olivier Brusson ist der Mörder. Eben wurde er fortgeführt ins Gefängnis.« »Und das Mädchen?«, ruft die Scuderi, »ist«, fällt Desgrais ein, »ist Madelon, Cardillacs Tochter. Der verruchte Mensch war ihr Geliebter. Nun weint und heult sie, und schreit einmal übers andere, dass Olivier unschuldig sei, ganz unschuldig. Am Ende weiß sie von der Tat und ich muss sie auch nach der Conciergerie bringen lassen.« Desgrais warf, als er dies sprach, einen tückischen, schadenfrohen Blick auf das Mädchen, vor dem die Scuderi

---

6 **auseinanderstäubt:** auseinandertreibt | 24f. **starkem Wasser:** Alkohol (schwach konzentriert) | 35 **Conciergerie:** Pariser Untersuchungsgefängnis

erbebte. Eben begann das Mädchen leise zu atmen, doch keines Lauts, keiner Bewegung mächtig, mit geschlossenen Augen lag sie da, und man wusste nicht, was zu tun, sie ins Haus bringen, oder ihr noch länger beistehen bis zum Erwachen. Tief bewegt, Tränen in den Augen, blickte die Scuderi den unschuldsvollen Engel an, ihr graute vor Desgrais und seinen Gesellen. Da polterte es dumpf die Treppe herab, man brachte Cardillacs Leichnam. Schnell entschlossen rief die Scuderi laut: »Ich nehme das Mädchen mit mir, ihr möget für das Übrige sorgen, Desgrais!« Ein dumpfes Murmeln des Beifalls lief durch das Volk. Die Weiber hoben das Mädchen in die Höhe, alles drängte sich hinzu, hundert Hände mühten sich, ihnen beizustehen, und wie in den Lüften schwebend wurde das Mädchen in die Kutsche getragen, indem Segnungen der würdigen Dame, die die Unschuld dem Blutgericht entrissen, von allen Lippen strömten.

Serons, des berühmtesten Arztes in Paris, Bemühungen gelang es endlich, Madelon, die stundenlang in starrer Bewusstlosigkeit gelegen, wieder zu sich selbst zu bringen. Die Scuderi vollendete, was der Arzt begonnen, indem sie manchen milden Hoffnungsstrahl leuchten ließ in des Mädchens Seele, bis ein heftiger Tränenstrom, der ihr aus den Augen stürzte, ihr Luft machte. Sie vermochte, indem nur dann und wann die Übermacht des durchbohrendsten Schmerzes die Worte in tiefem Schluchzen erstickte, zu erzählen, wie sich alles begeben.

Um Mitternacht war sie durch leises Klopfen an ihrer Stubentüre geweckt worden, und hatte Oliviers Stimme vernommen, der sie beschworen, doch nur gleich aufzustehen, weil der Vater im Sterben liege. Entsetzt sei sie aufgesprungen und habe die Tür geöffnet. Olivier, bleich und entstellt, von Schweiß triefend, sei, das Licht in der Hand, mit wankenden Schritten nach der Werkstatt gegangen, sie ihm gefolgt. Da habe der Vater gelegen mit starren Augen und geröchelt im Todeskampfe. Jammernd habe sie sich auf ihn gestürzt, und nun erst sein blutiges Hemde bemerkt.

---

16 **Blutgericht:** Gericht, bei dem die Todesstrafe ausgesprochen werden kann

Olivier habe sie sanft weggezogen und sich dann bemüht, eine Wunde auf der linken Brust des Vaters mit Wundbalsam zu waschen und zu verbinden. Währenddessen sei des Vaters Besinnung zurückgekehrt, er habe zu röcheln aufgehört, und sie, dann aber Olivier mit seelenvollem Blick angeschaut, ihre Hand ergriffen, sie in Oliviers Hand gelegt und beide heftig gedrückt. Beide, Olivier und sie, wären bei dem Lager des Vaters auf die Knie gefallen, er habe sich mit einem schneidenden Laut in die Höhe gerichtet, sei aber gleich wieder zurückgesunken und mit einem tiefen Seufzer verschieden. Nun hätten sie beide laut gejammert und geklagt. Olivier habe erzählt, wie der Meister auf einem Gange, den er mit ihm auf sein Geheiß in der Nacht habe machen müssen, in seiner Gegenwart ermordet worden, und wie er mit der größten Anstrengung den schweren Mann, den er nicht auf den Tod verwundet gehalten, nach Hause getragen. Sowie der Morgen angebrochen, wären die Hausleute, denen das Gepolter, das laute Weinen und Jammern in der Nacht aufgefallen, heraufgekommen und hätten sie noch ganz trostlos bei der Leiche des Vaters kniend gefunden. Nun sei Lärm entstanden; die Marechaussee eingedrungen und Olivier als Mörder seines Meisters ins Gefängnis geschleppt worden. Madelon fügte nun die rührendste Schilderung von der Tugend, der Frömmigkeit, der Treue ihres geliebten Oliviers hinzu. Wie er den Meister, als sei er sein eigener Vater, hoch in Ehren gehalten, wie dieser seine Liebe in vollem Maß erwidert, wie er ihn trotz seiner Armut zum Eidam erkoren, weil seine Geschicklichkeit seiner Treue, seinem edlen Gemüt gleichgekommen. Das alles erzählte Madelon aus dem innersten Herzen heraus und schloss damit, dass, wenn Olivier in ihrem Beisein dem Vater den Dolch in die Brust gestoßen hätte, sie dies eher für ein Blendwerk des Satans halten, als daran glauben würde, dass Olivier eines solchen entsetzlichen, grauenvollen Verbrechens fähig sein könne.

Die Scuderi, von Madelons namenlosen Leiden auf das Tiefste gerührt und ganz geneigt, den armen Olivier für un-

---

21 **Marechaussee:** vgl. Fn. 6,22f. | 28 **Eidam:** Schwiegersohn

schuldig zu halten, zog Erkundigungen ein, und fand alles bestätigt, was Madelon über das häusliche Verhältnis des Meisters mit seinem Gesellen erzählt hatte. Die Hausleute, die Nachbaren rühmten einstimmig den Olivier als das Muster eines sittigen, frommen, treuen, fleißigen Betragens, niemand wusste Böses von ihm, und doch, war von der grässlichen Tat die Rede, zuckte jeder die Achseln und meinte, darin liege etwas Unbegreifliches.

Olivier, vor die Chambre ardente gestellt, leugnete, wie die Scuderi vernahm, mit der größten Standhaftigkeit, mit dem hellsten Freimut die ihm angeschuldigte Tat, und behauptete, dass sein Meister in seiner Gegenwart auf der Straße angefallen und niedergestoßen worden, dass er ihn aber noch lebendig nach Hause geschleppt, wo er sehr bald verschieden sei. Auch dies stimmte also mit Madelons Erzählung überein.

Immer und immer wieder ließ sich die Scuderi die kleinsten Umstände des schrecklichen Ereignisses wiederholen. Sie forschte genau, ob jemals ein Streit zwischen Meister und Gesellen vorgefallen, ob vielleicht Olivier nicht ganz frei von jenem Jähzorn sei, der oft wie ein blinder Wahnsinn die gutmütigsten Menschen überfällt und zu Taten verleitet, die alle Willkür des Handelns auszuschließen scheinen. Doch je begeisterter Madelon von dem ruhigen häuslichen Glück sprach, in dem die drei Menschen in innigster Liebe verbunden lebten, desto mehr verschwand jeder Schatten des Verdachts wider den auf den Tod angeklagten Olivier. Genau alles prüfend, davon ausgehend, dass Olivier unerachtet alles dessen, was laut für seine Unschuld spräche, dennoch Cardillacs Mörder gewesen, fand die Scuderi im Reich der Möglichkeit keinen Beweggrund zu der entsetzlichen Tat, die in jedem Fall Oliviers Glück zerstören musste. – Er ist arm, aber geschickt. – Es gelingt ihm, die Zuneigung des berühmtesten Meisters zu gewinnen, er liebt die Tochter, der Meister begünstigt seine Liebe, Glück, Wohlstand für sein ganzes Leben wird ihm erschlossen! – Sei es aber nun, dass, Gott weiß, auf welche

9 **Chambre ardente:** vgl. Fn. 11,25

Weise gereizt, Olivier vom Zorn übermannt, seinen Wohltäter, seinen Vater mörderisch anfiel, welche teuflische Heuchelei gehört dazu, nach der Tat sich so zu betragen, als es wirklich geschah! – Mit der festen Überzeugung von Oliviers Unschuld fasste die Scuderi den Entschluss, den unschuldigen Jüngling zu retten, koste es, was es wolle.

Es schien ihr, ehe sie die Huld des Königs selbst vielleicht anrufe, am geratensten, sich an den Präsidenten la Regnie zu wenden, ihn auf alle Umstände, die für Oliviers Unschuld sprechen mussten, aufmerksam zu machen, und so vielleicht in des Präsidenten Seele eine innere, dem Angeklagten günstige Überzeugung zu erwecken, die sich wohltätig den Richtern mitteilen sollte.

La Regnie empfing die Scuderi mit der hohen Achtung, auf die die würdige Dame, von dem Könige selbst hoch geehrt, gerechten Anspruch machen konnte. Er hörte ruhig alles an, was sie über die entsetzliche Tat, über Oliviers Verhältnisse, über seinen Charakter vorbrachte. Ein feines, beinahe hämisches Lächeln war indessen alles, womit er bewies, dass die Beteurungen, die von häufigen Tränen begleiteten Ermahnungen, wie jeder Richter nicht der Feind des Angeklagten sein, sondern auch auf alles achten müsse, was zu seinen Gunsten spräche, nicht an gänzlich tauben Ohren vorüberglitten. Als das Fräulein nun endlich ganz erschöpft, die Tränen von den Augen wegtrocknend, schwieg, fing Regnie an: »Es ist ganz Eures vortrefflichen Herzens würdig, mein Fräulein, dass Ihr, gerührt von den Tränen eines jungen, verliebten Mädchens, alles glaubt, was sie vorbringt, ja dass Ihr nicht fähig seid, den Gedanken einer entsetzlichen Untat zu fassen, aber anders ist es mit dem Richter, der gewohnt ist, frecher Heuchelei die Larve abzureißen. Wohl mag es nicht meines Amts sein, jedem, der mich frägt, den Gang eines Kriminalprozesses zu entwickeln. Fräulein! ich tue meine Pflicht, wenig kümmert mich das Urteil der Welt. Zittern sollen die Bösewichter vor der Chambre ardente, die keine Strafe kennt als Blut und Feuer. Aber vor Euch, mein würdiges Fräulein, möcht

---

19 **hämisches:** boshaftes, hinterhältiges | 31 **die Larve:** die Maske

ich nicht für ein Ungeheuer gehalten werden an Härte und Grausamkeit, darum vergönnt mir, dass ich Euch mit wenigen Worten die Blutschuld des jungen Bösewichts, der, dem Himmel sei es gedankt! der Rache verfallen ist, klar vor Augen lege. Euer scharfsinniger Geist wird dann selbst die Gutmütigkeit verschmähen, die Euch Ehre macht, mir aber gar nicht anstehen würde. – Also! – Am Morgen wird René Cardillac durch einen Dolchstoß ermordet gefunden. Niemand ist bei ihm, als sein Geselle Olivier Brusson und die Tochter. In Oliviers Kammer, unter andern, findet man einen Dolch von frischem Blute gefärbt, der genau in die Wunde passt. ›Cardillac ist‹, spricht Olivier, ›in der Nacht vor meinen Augen niedergestoßen worden.‹ – ›Man wollte ihn berauben?‹ ›Das weiß ich nicht!‹ – ›Du gingst mit ihm, und es war dir nicht möglich, dem Mörder zu wehren? – ihn festzuhalten? um Hülfe zu rufen?‹ ›Funfzehn, wohl zwanzig Schritte vor mir ging der Meister, ich folgte ihm.‹ ›Warum in aller Welt so entfernt?‹ – ›Der Meister wollt es so.‹ ›Was hatte überhaupt Meister Cardillac so spät auf der Straße zu tun?‹ – ›Das kann ich nicht sagen.‹ ›Sonst ist er aber doch niemals nach neun Uhr abends aus dem Hause gekommen?‹ – Hier stockt Olivier, er ist bestürzt, er seufzt, er vergießt Tränen, er beteuert bei allem, was heilig, dass Cardillac wirklich in jener Nacht ausgegangen sei, und seinen Tod gefunden habe. Nun merkt aber wohl auf, mein Fräulein. Erwiesen ist es bis zur vollkommensten Gewissheit, dass Cardillac in jener Nacht das Haus nicht verließ, mithin ist Oliviers Behauptung, er sei mit ihm wirklich ausgegangen, eine freche Lüge. Die Haustüre ist mit einem schweren Schloss versehen, welches bei dem Auf- und Zuschließen ein durchdringendes Geräusch macht, dann aber bewegt sich der Türflügel widrig knarrend und heulend in den Angeln, sodass, wie es angestellte Versuche bewährt haben, selbst im obersten Stock des Hauses das Getöse widerhallt. Nun wohnt in dem untersten Stock, also dicht neben der Haustüre, der alte Meister Claude Patru mit seiner Aufwärterin, einer Person von beinahe achtzig Jahren, aber

37 **Aufwärterin:** Dienerin

noch munter und rührig. Diese beiden Personen hörten, wie Cardillac nach seiner gewöhnlichen Weise an jenem Abend Punkt neun Uhr die Treppe hinabkam, die Türe mit vielem Geräusch verschloss und verrammelte, dann wieder hinaufstieg, den Abendsegen laut las und dann, wie man es an dem Zuschlagen der Türe vernehmen konnte, in sein Schlafzimmer ging. Meister Claude leidet an Schlaflosigkeit, wie es alten Leuten wohl zu gehen pflegt. Auch in jener Nacht konnte er kein Auge zutun. Die Aufwärterin schlug daher, es mochte halb zehn Uhr sein, in der Küche, in die sie über den Hausflur gehend gelangt, Licht an und setzte sich zum Meister Claude an den Tisch mit einer alten Chronik, in der sie las, während der Alte seinen Gedanken nachhängend bald sich in den Lehnstuhl setzte, bald wieder aufstand, und um Müdigkeit und Schlaf zu gewinnen, im Zimmer leise und langsam auf und ab schritt. Es blieb alles still und ruhig bis nach Mitternacht. Da hörte sie über sich scharfe Tritte, einen harten Fall, als stürze eine schwere Last zu Boden, und gleich darauf ein dumpfes Stöhnen. In beide kam eine seltsame Angst und Beklommenheit. Die Schauer der entsetzlichen Tat, die eben begangen, gingen bei ihnen vorüber. – Mit dem hellen Morgen trat dann ans Licht, was in der Finsternis begonnen.« – »Aber«, fiel die Scuderi ein, »aber um aller Heiligen willen, könnt Ihr bei allen Umständen, die ich erst weitläuftig erzählte, Euch denn irgendeinen Anlass zu dieser Tat der Hölle denken?« – »Hm«, erwiderte la Regnie, »Cardillac war nicht arm – im Besitz vortrefflicher Steine.« »Bekam«, fuhr die Scuderi fort, »bekam denn nicht alles die Tochter? – Ihr vergesst, dass Olivier Cardillacs Schwiegersohn werden sollte.« »Er musste vielleicht teilen oder gar nur für andere morden«, sprach la Regnie. »Teilen, für andere morden?«, fragte die Scuderi in vollem Erstaunen. »Wisst«, fuhr der Präsident fort, »wisst mein Fräulein! dass Olivier schon längst geblutet hätte auf dem Greveplatz, stünde seine Tat nicht in Beziehung mit dem dicht verschleierten Geheimnis, das bisher so bedrohlich über ganz Paris waltete. Olivier gehört offen-

---

13 **Chronik:** Aufzeichnung historischer Ereignisse in zeitlicher Reihenfolge

bar zu jener verruchten Bande, die alle Aufmerksamkeit, alle Mühe, alles Forschen der Gerichtshöfe verspottend ihre Streiche sicher und ungestraft zu führen wusste. Durch ihn wird – muss alles klar werden. Die Wunde Cardillacs ist denen ganz ähnlich, die alle auf der Straße, in den Häusern Ermordete und Beraubte trugen. Dann aber das Entscheidendste, seit der Zeit, dass Olivier Brusson verhaftet ist, haben alle Mordtaten, alle Beraubungen aufgehört. Sicher sind die Straßen zur Nachtzeit wie am Tage. Beweis genug, dass Olivier vielleicht an der Spitze jener Mordbande stand. Noch will er nicht bekennen, aber es gibt Mittel, ihn sprechen zu machen wider seinen Willen.« »Und Madelon«, rief die Scuderi, »und Madelon, die treue, unschuldige Taube.« – »Ei«, sprach la Regnie mit einem giftigen Lächeln, »ei wer steht mir dafür, dass sie nicht mit im Komplott ist. Was ist ihr an dem Vater gelegen, nur dem Mordbuben gelten ihre Tränen.« »Was sagt Ihr«, schrie die Scuderi, »es ist nicht möglich; den Vater! dieses Mädchen!« – »O!«, fuhr la Regnie fort, »o! denkt doch nur an die Brinvillier! Ihr möget es mir verzeihen, wenn ich mich vielleicht bald genötigt sehe, Euch Euern Schützling zu entreißen und in die Conciergerie werfen zu lassen.« – Der Scuderi ging ein Grausen an bei diesem entsetzlichen Verdacht. Es war ihr, als könne vor diesem schrecklichen Manne keine Treue, keine Tugend bestehen, als spähe er in den tiefsten, geheimsten Gedanken Mord und Blutschuld. Sie stand auf. »Seid menschlich«, das war alles, was sie beklommen, mühsam atmend hervorbringen konnte. Schon im Begriff, die Treppe hinabzusteigen, bis zu der der Präsident sie mit zeremoniöser Artigkeit begleitet hatte, kam ihr, selbst wusste sie nicht wie, ein seltsamer Gedanke. »Würd es mir wohl erlaubt sein, den unglücklichen Olivier Brusson zu sehen?« So fragte sie den Präsidenten sich rasch umwendend. Dieser schaute sie mit bedenklicher Miene an, dann verzog sich sein Gesicht in jenes widrige Lächeln, das ihm eigen. »Gewiss«, sprach er, »gewiss wollt Ihr nun, mein würdiges Fräulein, Euerm Gefühl, der innern Stimme mehr

---

16 **Komplott:** Verschwörung | 20 **Brinvillier:** vgl. Anm. zu 9,2 | 30 **zeremoniöser Artigkeit:** feierlicher, förmlicher Höflichkeit

vertrauend als dem, was vor unsern Augen geschehen, selbst Oliviers Schuld oder Unschuld prüfen. Scheut Ihr nicht den düstern Aufenthalt des Verbrechens, ist es Euch nicht gehässig, die Bilder der Verworfenheit in allen Abstufungen zu sehen, so sollen für Euch in zwei Stunden die Tore der Conciergerie offen sein. Man wird Euch diesen Olivier, dessen Schicksal Eure Teilnahme erregt, vorstellen.«

In der Tat konnte sich die Scuderi von der Schuld des jungen Menschen nicht überzeugen. Alles sprach wider ihn, ja kein Richter in der Welt hätte anders gehandelt, wie la Regnie, bei solch entscheidenden Tatsachen. Aber das Bild häuslichen Glücks, wie es Madelon mit den lebendigsten Zügen der Scuderi vor Augen gestellt, überstrahlte jeden bösen Verdacht, und so mochte sie lieber ein unerklärliches Geheimnis annehmen, als daran glauben, wogegen ihr ganzes Inneres sich empörte.

Sie gedachte, sich von Olivier noch einmal alles, wie es sich in jener verhängnisvollen Nacht begeben, erzählen zu lassen, und so viel möglich in ein Geheimnis zu dringen, das vielleicht den Richtern verschlossen geblieben, weil es wertlos schien, sich weiter darum zu bekümmern.

In der Conciergerie angekommen, führte man die Scuderi in ein großes, helles Gemach. Nicht lange darauf vernahm sie Kettengerassel. Olivier Brusson wurde gebracht. Doch sowie er in die Türe trat, sank auch die Scuderi ohnmächtig nieder. Als sie sich erholt hatte, war Olivier verschwunden. Sie verlangte mit Heftigkeit, dass man sie nach dem Wagen bringe, fort, augenblicklich fort wollte sie aus den Gemächern der frevelnden Verruchtheit. Ach! – auf den ersten Blick hatte sie in Olivier Brusson den jungen Menschen erkannt, der auf dem Pontneuf jenes Blatt ihr in den Wagen geworfen, der ihr das Kästchen mit den Juwelen gebracht hatte. – Nun war ja jeder Zweifel gehoben, la Regnies schreckliche Vermutung ganz bestätigt. Olivier Brusson gehört zu der fürchterlichen Mordbande, gewiss ermordete er auch den Meister! – Und Madelon? – So bit-

---

4 **gehässig:** hier: widerwärtig

ter noch nie vom innern Gefühl getäuscht, auf den Tod angepackt von der höllischen Macht auf Erden, an deren Dasein sie nicht geglaubt, verzweifelte die Scuderi an aller Wahrheit. Sie gab Raum dem entsetzlichen Verdacht, dass Madelon mit verschworen sein und teilhaben könne an der grässlichen Blutschuld. Wie es denn geschieht, dass der menschliche Geist, ist ihm ein Bild aufgegangen, emsig Farben sucht und findet, es greller und greller auszumalen, so fand auch die Scuderi, jeden Umstand der Tat, Madelons Betragen in den kleinsten Zügen erwägend, gar vieles, jenen Verdacht zu nähren. So wurde manches, was ihr bisher als Beweis der Unschuld und Reinheit gegolten, sicheres Merkmal frevelicher Bosheit, studierter Heuchelei. Jener herzzerreißende Jammer, die blutigen Tränen konnten wohl erpresst sein von der Todesangst, nicht den Geliebten bluten zu sehen, nein – selbst zu fallen unter der Hand des Henkers. Gleich sich die Schlange, die sie im Busen nähre, vom Halse zu schaffen; mit diesem Entschluss stieg die Scuderi aus dem Wagen. In ihr Gemach eingetreten, warf Madelon sich ihr zu Füßen. Die Himmelsaugen, ein Engel Gottes hat sie nicht treuer, zu ihr emporgerichtet, die Hände vor der wallenden Brust zusammengefaltet, jammerte und flehte sie laut um Hülfe und Trost. Die Scuderi sich mühsam zusammenfassend, sprach, indem sie dem Ton ihrer Stimme so viel Ernst und Ruhe zu geben suchte, als ihr möglich: »Geh – geh – tröste dich nur über den Mörder, den die gerechte Strafe seiner Schandtaten erwartet – Die heilige Jungfrau möge verhüten, dass nicht auf dir selbst eine Blutschuld schwer laste.« »Ach nun ist alles verloren!« – Mit diesem gellenden Ausruf stürzte Madelon ohnmächtig zu Boden. Die Scuderi überließ die Sorge um das Mädchen der Martiniere und entfernte sich in ein anderes Gemach. –

Ganz zerrissen im Innern, entzweit mit allem Irdischen wünschte die Scuderi, nicht mehr in einer Welt voll höllischen Truges zu leben. Sie klagte das Verhängnis an, das in bitterm Hohn ihr so viele Jahre vergönnt, ihren Glauben an

---

13 **studierter:** einstudierter, falscher

Tugend und Treue zu stärken, und nun in ihrem Alter das schöne Bild vernichte, welches ihr im Leben geleuchtet.

Sie vernahm, wie die Martiniere Madelon fortbrachte, die leise seufzte und jammerte: »Ach! – auch *sie* – auch *sie* haben die Grausamen betört. – Ich Elende – armer, unglücklicher Olivier!« – Die Töne drangen der Scuderi ins Herz, und aufs Neue regte sich aus dem tiefsten Innern heraus die Ahnung eines Geheimnisses, der Glaube an Oliviers Unschuld. Bedrängt von den widersprechendsten Gefühlen, ganz außer sich rief die Scuderi: »Welcher Geist der Hölle hat mich in die entsetzliche Geschichte verwickelt, die mir das Leben kosten wird!« – In dem Augenblick trat Baptiste hinein, bleich und erschrocken, mit der Nachricht, dass Desgrais draußen sei. Seit dem abscheulichen Prozess der la Voisin war Desgrais' Erscheinung in einem Hause der gewisse Vorbote irgendeiner peinlichen Anklage, daher kam Baptistes Schreck, deshalb fragte ihn das Fräulein mit mildem Lächeln: »Was ist dir, Baptiste? – Nicht wahr! – der Name Scuderi befand sich auf der Liste der la Voisin?« »Ach um Christus willen«, erwiderte Baptiste, am ganzen Leibe zitternd, »wie möget Ihr nur so etwas aussprechen, aber Desgrais – der entsetzliche Desgrais, tut so geheimnisvoll, so dringend, er scheint es gar nicht erwarten zu können, Euch zu sehen!« – »Nun«, sprach die Scuderi, »nun Baptiste, so führt ihn nur gleich herein den Menschen, der Euch so fürchterlich ist, und der *mir* wenigstens keine Besorgnis erregen kann.« – »Der Präsident«, sprach Desgrais, als er ins Gemach getreten, »der Präsident la Regnie schickt mich zu Euch, mein Fräulein, mit einer Bitte, auf deren Erfüllung er gar nicht hoffen würde, kennte er nicht Euere Tugend, Euern Mut, läge nicht das letzte Mittel, eine böse Blutschuld an den Tag zu bringen, in Euern Händen, hättet Ihr nicht selbst schon teilgenommen an dem bösen Prozess, der die Chambre ardente, uns alle in Atem hält. Olivier Brusson, seitdem er Euch gesehen hat, ist halb rasend. So sehr er schon zum Bekenntnis sich zu neigen schien, so schwört er doch jetzt aufs Neue bei Christus und allen Heiligen, dass er an dem Morde Cardillacs ganz unschuldig sei, wiewohl er den Tod gern leiden wolle, den er verdient habe. Bemerkt, mein Fräulein, dass der letzte Zusatz offenbar auf andere Verbrechen deutet, die auf ihm lasten. Doch vergebens ist alle Mühe, nur ein Wort weiter herauszubringen, selbst die Drohung mit der Tortur hat nichts gefruchtet. Er fleht, er beschwört uns, ihm eine Unterredung mit Euch zu verschaffen, Euch nur, Euch allein will er alles gestehen. Lasst Euch herab, mein Fräulein, Brussons Bekenntnis zu hören.« »Wie!«, rief die Scuderi ganz entrüstet, »soll ich dem Blutgericht zum Organ dienen, soll ich das Vertrauen des unglücklichen Menschen missbrauchen, ihn aufs Blutgerüst zu bringen? – Nein Desgrais! mag Brusson auch ein verruchter Mörder sein, nie wär es mir doch möglich, ihn so spitzbübisch zu hintergehen. Nichts mag ich von seinen Geheimnissen erfahren, die wie eine heilige Beichte in meiner Brust verschlossen bleiben würden.« »Vielleicht«, versetzte Desgrais mit einem feinen Lächeln, »vielleicht, mein Fräulein, ändert sich Eure Gesinnung, wenn Ihr Brusson gehört habt. Batet Ihr den Präsident nicht selbst, er sollte menschlich sein? Er tut es, indem er dem törichten Verlangen Brussons nachgibt, und so das letzte Mittel versucht, ehe er die Tortur verhängt, zu der Brusson längst reif ist.« Die Scuderi schrak unwillkürlich zusammen. »Seht«, fuhr Desgrais fort, »seht, würdige Dame, man wird Euch keineswegs zumuten, noch einmal in jene finstere Gemächer zu treten, die Euch mit Grausen und Abscheu erfüllen. In der Stille der Nacht, ohne alles Aufsehen bringt man Olivier Brusson wie einen freien Menschen zu Euch in Euer Haus. Nicht einmal belauscht, doch wohlbewacht, mag er Euch dann zwanglos alles bekennen. Dass Ihr für Euch selbst nichts von dem Elenden zu fürchten habt, dafür stehe ich Euch mit meinem Leben ein. Er spricht von Euch mit inbrünstiger Verehrung. Er schwört, dass nur das düstre Verhängnis, welches ihm verwehrt habe, Euch früher zu sehen, ihn in den Tod gestürzt. Und dann steht es ja bei Euch, von dem, was Euch Brusson

---

2 **leiden:** erleiden | 6 **Tortur:** Folter | 11 **Organ:** hier: Helfershelfer | 13 **Blutgerüst:** Hinrichtungsstätte | 17 **wie eine heilige Beichte:** Die kirchliche Beichte unterliegt dem Beichtgeheimnis. | 34 **inbrünstiger:** inniger, tiefgehender

entdeckt, so viel zu sagen, als Euch beliebt. Kann man Euch zu mehrerem zwingen?«

Die Scuderi sah tief sinnend vor sich nieder. Es war ihr, als müsse sie der höheren Macht gehorchen, die den Aufschluss irgendeines entsetzlichen Geheimnisses von ihr verlange, als könne sie sich nicht mehr den wunderbaren Verschlingungen entziehen, in die sie willenlos geraten. Plötzlich entschlossen sprach sie mit Würde: »Gott wird mir Fassung und Standhaftigkeit geben; führt den Brusson her, ich will ihn sprechen.«

So wie damals, als Brusson das Kästchen brachte, wurde um Mitternacht an die Haustüre der Scuderi gepocht. Baptiste, von dem nächtlichen Besuch unterrichtet, öffnete. Eiskalter Schauer überlief die Scuderi, als sie an den leisen Tritten, an dem dumpfen Gemurmel wahrnahm, dass die Wächter, die den Brusson gebracht, sich in den Gängen des Hauses verteilten.

Endlich ging leise die Türe des Gemachs auf. Desgrais trat herein, hinter ihm Olivier Brusson, fesselfrei, in anständigen Kleidern. »Hier ist«, sprach Desgrais, sich ehrerbietig verneigend, »hier ist Brusson, mein würdiges Fräulein!« und verließ das Zimmer.

Brusson sank vor der Scuderi nieder auf beide Knie, flehend erhob er die gefalteten Hände, indem häufige Tränen ihm aus den Augen rannen.

Die Scuderi schaute erblasst, keines Wortes mächtig, auf ihn herab. Selbst bei dem entstellten, ja durch Gram, durch grimmen Schmerz verzerrten Zügen strahlte der reine Ausdruck des treusten Gemüts aus dem Jünglingsantlitz. Je länger die Scuderi ihre Augen auf Brussons Gesicht ruhen ließ, desto lebhafter trat die Erinnerung an irgendeine geliebte Person hervor, auf die sie sich nur nicht deutlich zu besinnen vermochte. Alle Schauer wichen von ihr, sie vergaß, dass Cardillacs Mörder vor ihr knie, sie sprach mit dem anmutigen Tone des ruhigen Wohlwollens, der ihr eigen: »Nun Brusson, was habt Ihr mir zu sagen?« Dieser, noch immer kniend, seufzte auf vor tiefer, inbrünstiger

Wehmut und sprach dann: »O mein würdiges, mein hochverehrtes Fräulein, ist denn jede Spur der Erinnerung an mich verflogen?« Die Scuderi, ihn noch aufmerksamer betrachtend, erwiderte, dass sie allerdings in seinen Zügen die Ähnlichkeit mit einer von ihr geliebten Person gefunden, und dass er nur dieser Ähnlichkeit es verdanke, wenn sie den tiefen Abscheu vor dem Mörder überwinde und ihn ruhig anhöre. Brusson, schwer verletzt durch diese Worte, erhob sich schnell und trat, den finstern Blick zu Boden gesenkt, einen Schritt zurück. Dann sprach er mit dumpfer Stimme: »Habt Ihr denn Anne Guiot ganz vergessen? – ihr Sohn Olivier – der Knabe, den Ihr oft auf Euern Knien schaukeltet, ist es, der vor Euch steht.« »O um aller Heiligen willen!«, rief die Scuderi, indem sie mit beiden Händen das Gesicht bedeckend in die Polster zurücksank. Das Fräulein hatte wohl Ursache genug, sich auf diese Weise zu entsetzen. Anne Guiot, die Tochter eines verarmten Bürgers, war von klein auf bei der Scuderi, die sie, wie die Mutter das liebe Kind, erzog mit aller Treue und Sorgfalt. Als sie nun herangewachsen, fand sich ein hübscher sittiger Jüngling, Claude Brusson geheißen, ein, der um das Mädchen warb. Da er nun ein grundgeschickter Uhrmacher war, der sein reichliches Brot in Paris finden musste, Anne ihn auch herzlich lieb gewonnen hatte, so trug die Scuderi gar kein Bedenken, in die Heirat ihrer Pflegetochter zu willigen. Die jungen Leute richteten sich ein, lebten in stiller, glücklicher Häuslichkeit, und was den Liebesbund noch fester knüpfte, war die Geburt eines wunderschönen Knaben, der holden Mutter treues Ebenbild.

Einen Abgott machte die Scuderi aus dem kleinen Olivier, den sie stunden-, tagelang der Mutter entriss, um ihn zu liebkosen, zu hätscheln. Daher kam es, dass der Junge sich ganz an sie gewöhnte, und ebenso gern bei ihr war, als bei der Mutter. Drei Jahre waren vorüber, als der Brotneid der Kunstgenossen Brussons es dahin brachte, dass seine Arbeit mit jedem Tage abnahm, sodass er zuletzt kaum sich kümmerlich ernähren konnte. Dazu kam die Sehnsucht

---

20 **sittiger:** sittsamer, anständiger

nach seinem schönen heimatlichen Genf, und so geschah es, dass die kleine Familie dorthin zog, des Widerstrebens der Scuderi, die alle nur mögliche Unterstützung versprach, unerachtet. Noch ein paar Mal schrieb Anne an ihre Pflegmutter, dann schwieg sie, und diese musste glauben, dass das glückliche Leben in Brussons Heimat das Andenken an die früher verlebten Tage nicht mehr aufkommen lasse.

Es waren jetzt gerade dreiundzwanzig Jahre her, als Brusson mit seinem Weibe und Kinde Paris verlassen und nach Genf gezogen.

»O entsetzlich«, rief die Scuderi, als sie sich einigermaßen wieder erholt hatte, »o entsetzlich! – Olivier bist du? – der Sohn meiner Anne! – Und jetzt!« – »Wohl«, versetzte Olivier ruhig und gefasst, »wohl, mein würdiges Fräulein, hättet Ihr nimmermehr ahnen können, dass der Knabe, den Ihr wie die zärtlichste Mutter hätscheltet, dem Ihr, auf Euerm Schoß ihn schaukelnd, Näscherei auf Näscherei in den Mund stecktet, dem Ihr die süßesten Namen gabt, zum Jünglinge gereift dereinst vor Euch stehen würde, grässlicher Blutschuld angeklagt! – Ich bin nicht vorwurfsfrei, die Chambre ardente kann mich mit Recht eines Verbrechens zeihen; aber, so wahr ich selig zu sterben hoffe, sei es auch durch des Henkers Hand, rein bin ich von jeder Blutschuld, nicht durch mich, nicht durch mein Verschulden fiel der unglückliche Cardillac!« – Olivier geriet bei diesen Worten in ein Zittern und Schwanken. Stillschweigend wies die Scuderi auf einen kleinen Sessel, der Olivier zur Seite stand. Er ließ sich langsam nieder.

»Ich hatte Zeit genug«, fing er an, »mich auf die Unterredung mit Euch, die ich als die letzte Gunst des versöhnten Himmels betrachte, vorzubereiten, und so viel Ruhe und Fassung zu gewinnen als nötig, Euch die Geschichte meines entsetzlichen, unerhörten Missgeschicks zu erzählen. Erzeigt mir die Barmherzigkeit, mich ruhig anzuhören, so sehr Euch auch die Entdeckung eines Geheimnisses, das Ihr gewiss nicht geahnet, überraschen, ja mit Grausen erfüllen mag. – Hätte mein armer Vater Paris doch niemals verlas-

17 **Näscherei:** Süßigkeiten | 20 **vorwurfsfrei:** unschuldig | 22 **zeihen:** beschuldigen, anklagen, bezichtigen

sen! – So weit meine Erinnerung an Genf reicht, finde ich mich wieder, von den trostlosen Eltern mit Tränen benetzt, von ihren Klagen, die ich nicht verstand, selbst zu Tränen gebracht. Später kam mir das deutliche Gefühl, das volle Bewusstsein des drückendsten Mangels, des tiefen Elends, in dem meine Eltern lebten. Mein Vater fand sich in allen seinen Hoffnungen getäuscht. Von tiefem Gram niedergebeugt, erdrückt, starb er in dem Augenblick, als es ihm gelungen war, mich bei einem Goldschmied als Lehrjunge unterzubringen. Meine Mutter sprach viel von Euch, sie wollte Euch alles klagen, aber dann überfiel sie die Mutlosigkeit, welche vom Elend erzeugt wird. Das und auch wohl falsche Scham, die oft an dem todwunden Gemüte nagt, hielt sie von ihrem Entschluss zurück. Wenige Monden nach dem Tode meines Vaters folgte ihm meine Mutter ins Grab.« »Arme Anne! arme Anne!«, rief die Scuderi von Schmerz überwältigt. »Dank und Preis der ewigen Macht des Himmels, dass sie hinüber ist, und nicht fallen sieht den geliebten Sohn unter der Hand des Henkers, mit Schande gebrandmarkt.« So schrie Olivier laut auf, indem er einen wilden, entsetzlichen Blick in die Höhe warf. Es wurde draußen unruhig, man ging hin und her. »Ho ho«, sprach Olivier mit einem bittern Lächeln, »Desgrais weckt seine Spießgesellen, als ob ich hier entfliehen könnte. – Doch weiter! – Ich wurde von meinem Meister hart gehalten, unerachtet ich bald am besten arbeitete, ja wohl endlich den Meister weit übertraf. Es begab sich, dass einst ein Fremder in unsere Werkstatt kam, um einiges Geschmeide zu kaufen. Als der nun einen schönen Halsschmuck sah, den ich gearbeitet, klopfte er mir mit freundlicher Miene auf die Schultern, indem er, den Schmuck beäugelnd, sprach: ›Ei, ei! mein junger Freund, das ist ja ganz vortreffliche Arbeit. Ich wüsste in der Tat nicht, wer Euch noch anders übertreffen sollte, als René Cardillac, der freilich der erste Goldschmied ist, den es auf der Welt gibt. Zu dem solltet Ihr hingehen; mit Freuden nimmt er Euch in seine Werkstatt, denn nur Ihr könnt ihm beistehen in seiner kunstvollen

---

14 **Monden:** Monate | 25 **hart gehalten:** streng gehalten | 26 **unerachtet:** unabhängig davon, dass

Arbeit, und nur von ihm allein könnt Ihr dagegen noch lernen.‹ Die Worte des Fremden waren tief in meine Seele gefallen. Ich hatte keine Ruhe mehr in Genf, mich zog es fort mit Gewalt. Endlich gelang es mir, mich von meinem Meister loszumachen. Ich kam nach Paris. René Cardillac empfing mich kalt und barsch. Ich ließ nicht nach, er musste mir Arbeit geben, so geringfügig sie auch sein mochte. Ich sollte einen kleinen Ring fertigen. Als ich ihm die Arbeit brachte, sah er mich starr an mit seinen funkelnden Augen, als wollt' er hineinschauen in mein Innerstes. Dann sprach er: ›Du bist ein tüchtiger, wackerer Geselle, du kannst zu mir ziehen und mir helfen in der Werkstatt. Ich zahle dir gut, du wirst mit mir zufrieden sein.‹ Cardillac hielt Wort. Schon mehrere Wochen war ich bei ihm, ohne Madelon gesehen zu haben, die, irr ich nicht, auf dem Lande bei irgendeiner Muhme Cardillacs damals sich aufhielt. Endlich kam sie. O du ewige Macht des Himmels, wie geschah mir, als ich das Engelsbild sah! – Hat je ein Mensch so geliebt als ich! Und nun! – O Madelon!«

Olivier konnte vor Wehmut nicht weitersprechen. Er hielt beide Hände vors Gesicht und schluchzte heftig. Endlich mit Gewalt den wilden Schmerz, der ihn erfasst, niederkämpfend sprach er weiter.

»Madelon blickte mich an mit freundlichen Augen. Sie kam öfter und öfter in die Werkstatt. Mit Entzücken gewahrte ich ihre Liebe. So streng der Vater uns bewachte, mancher verstohlne Händedruck galt als Zeichen des geschlossenen Bundes, Cardillac schien nichts zu merken. Ich gedachte, hätte ich erst seine Gunst gewonnen, und konnte ich die Meisterschaft erlangen, um Madelon zu werben. Eines Morgens, als ich meine Arbeit beginnen wollte, trat Cardillac vor mich hin, Zorn und Verachtung im finstern Blick. ›Ich bedarf deiner Arbeit nicht mehr‹, fing er an, ›fort aus dem Hause noch in dieser Stunde, und lass dich nie mehr vor meinen Augen sehen. Warum ich dich hier nicht mehr dulden kann, brauche ich dir nicht zu sagen. Für dich armen Schlucker hängt die süße Frucht zu hoch,

---

16 **Muhme:** Tante

nach der du trachtest!‹ Ich wollte reden, er packte mich aber mit starker Faust und warf mich zur Türe hinaus, dass ich niederstürzte und mich hart verwundete an Kopf und Arm. – Empört, zerrissen vom grimmen Schmerz verließ ich das Haus, und fand endlich am äußersten Ende der Vorstadt St. Martin einen gutmütigen Bekannten, der mich aufnahm in seine Bodenkammer. Ich hatte keine Ruhe, keine Rast. Zur Nachtzeit umschlich ich Cardillacs Haus, wähnend, dass Madelon meine Seufzer, meine Klage vernehmen, dass es ihr vielleicht gelingen werde, mich vom Fenster herab unbelauscht zu sprechen. Allerlei verwogene Pläne kreuzten in meinem Gehirn, zu deren Ausführung ich sie zu bereden hoffte. An Cardillacs Haus in der Straße Nicaise schließt sich eine hohe Mauer mit Blenden und alten, halb zerstückelten Steinbildern darin. Dicht bei einem solchen Steinbilde stehe ich in einer Nacht und sehe hinauf nach den Fenstern des Hauses, die in den Hof gehen, den die Mauer einschließt. Da gewahre ich plötzlich Licht in Cardillacs Werkstatt. Es ist Mitternacht, nie war sonst Cardillac zu dieser Stunde wach, er pflegte sich auf den Schlag neun Uhr zur Ruhe zu begeben. Mir pocht das Herz vor banger Ahnung, ich denk an irgendein Ereignis, das mir vielleicht den Eingang bahnt. Doch gleich verschwindet das Licht wieder. Ich drücke mich an das Steinbild, in die Blende hinein, doch entsetzt pralle ich zurück, als ich einen Gegendruck fühle, als sei das Bild lebendig worden. In dem dämmernden Schimmer der Nacht gewahre ich nun, dass der Stein sich langsam dreht, und hinter demselben eine finstere Gestalt hervorschlüpft, die leisen Trittes die Straße hinabgeht. Ich springe an das Steinbild hinan, es steht wie zuvor dicht an der Mauer. Unwillkürlich, wie von einer innern Macht getrieben, schleiche ich hinter der Gestalt her. Gerade bei einem Marienbilde schaut die Gestalt sich um, der volle Schein der hellen Lampe, die vor dem Bilde brennt, fällt ihr ins Antlitz. Es ist Cardillac! Eine unbegreifliche Angst, ein unheimliches Grauen überfällt mich. Wie durch Zauber festgebannt muss ich fort – nach – dem

5 f. **Vorstadt St. Martin:** nordöstliche Vorstadt von Paris, vgl. Stadtplan, Abb. 6, S. 89 | 7 **Bodenkammer:** Dachkammer | 11 **verwogene:** verwegene, gewagte | 14 **Blenden:** Nischen | 30 **hinan:** heran

gespenstischen Nachtwanderer. Dafür halte ich den Meister, unerachtet nicht die Zeit des Vollmonds ist, in der solcher Spuck die Schlafenden betört. Endlich verschwindet Cardillac seitwärts in den tiefen Schatten. An einem kleinen, wiewohl bekannten Räuspern gewahre ich indessen, dass er in die Einfahrt eines Hauses getreten ist. Was bedeutet das, was wird er beginnen? – So frage ich mich selbst voll Erstaunen, und drücke mich dicht an die Häuser. Nicht lange dauert's, so kommt singend und trillerierend ein Mann daher mit leuchtendem Federbusch und klirrenden Sporen. Wie ein Tiger auf seinen Raub, stürzt sich Cardillac aus seinem Schlupfwinkel auf den Mann, der in demselben Augenblick röchelnd zu Boden sinkt. Mit einem Schrei des Entsetzens springe ich heran, Cardillac ist über den Mann, der zu Boden liegt, her. ›Meister Cardillac, was tut Ihr‹, rufe ich laut. ›Vermaledeiter!‹, brüllt Cardillac, rennt mit Blitzesschnelle bei mir vorbei und verschwindet. Ganz außer mir, kaum der Schritte mächtig, nähere ich mich dem Niedergeworfenen. Ich knie bei ihm nieder, vielleicht, denk ich, ist er noch zu retten, aber keine Spur des Lebens ist mehr in ihm. In meiner Todesangst gewahre ich kaum, dass mich die Marechaussee umringt hat. ›Schon wieder einer von den Teufeln niedergestreckt – he he – junger Mensch, was machst du da – bist einer von der Bande? – fort mit dir!‹ So schrien sie durcheinander und packen mich an. Kaum vermag ich zu stammeln, dass ich solche grässliche Untat ja gar nicht hätte begehen können, und dass sie mich im Frieden ziehen lassen möchten. Da leuchtet mir einer ins Gesicht und ruft lachend: ›Das ist Olivier Brusson, der Goldschmiedsgeselle, der bei unserm ehrlichen, braven Meister René Cardillac arbeitet! – ja – der wird die Leute auf der Straße morden! sieht mir recht darnach aus – ist recht nach der Art der Mordbuben, dass sie beim Leichnam lamentieren und sich fangen lassen werden. – Wie war's Junge? – erzähle dreist.‹ ›Dicht vor mir‹, sprach ich, ›sprang ein Mensch auf den dort los, stieß ihn nieder und rannte blitzschnell davon, als ich laut aufschrie. Ich

---

3 **Spuck:** Spuk | 16 **Vermaledeiter:** Verfluchter | 34 **lamentieren:** jammern, klagen | 35 **erzähle dreist:** erzähle ohne Furcht

wollt doch sehen, ob der Niedergeworfene noch zu retten wäre.‹ ›Nein, mein Sohn‹, ruft einer von denen, die den Leichnam aufgehoben, ›der ist hin, durchs Herz, wie gewöhnlich, geht der Dolchstich.‹ ›Teufel‹, spricht ein anderer, ›kamen wir doch wieder zu spät wie vorgestern‹; damit entfernen sie sich mit dem Leichnam.

Wie mir zumute war, kann ich gar nicht sagen; ich fühlte mich an, ob nicht ein böser Traum mich necke, es war mir, als müsst ich nun gleich erwachen und mich wundern über das tolle Trugbild. – Cardillac – der Vater meiner Madelon, ein verruchter Mörder! – Ich war kraftlos auf die steinernen Stufen eines Hauses gesunken. Immer mehr und mehr dämmerte der Morgen herauf, ein Offizierhut, reich mit Federn geschmückt, lag vor mir auf dem Pflaster. Cardillacs blutige Tat, auf der Stelle begangen, wo ich saß, ging vor mir hell auf. Entsetzt rannte ich von dannen.

Ganz verwirrt, beinahe besinnungslos sitze ich in meiner Dachkammer, da geht die Tür auf und René Cardillac tritt herein. ›Um Christus willen! was wollt Ihr?‹, schrie ich ihm entgegen. Er, das gar nicht achtend, kommt auf mich zu und lächelt mich an mit einer Ruhe und Leutseligkeit, die meinen innern Abscheu vermehrt. Er rückt einen alten, gebrechlichen Schemel heran und setzt sich zu mir, der ich nicht vermag, mich von dem Strohlager zu erheben, auf das ich mich geworfen. ›Nun Olivier‹, fängt er an, ›wie geht es dir, armer Junge? Ich habe mich in der Tat garstig übereilt, als ich dich aus dem Hause stieß, du fehlst mir an allen Ecken und Enden. Eben jetzt habe ich ein Werk vor, das ich ohne deine Hülfe gar nicht vollenden kann. Wie wär's, wenn du wieder in meiner Werkstatt arbeitetest? – Du schweigst? – Ja ich weiß, ich habe dich beleidigt. Nicht verhehlen wollt' ich's dir, dass ich auf dich zornig war, wegen der Liebelei mit meiner Madelon. Doch recht überlegt habe ich mir das Ding nachher, und gefunden, dass bei deiner Geschicklichkeit, deinem Fleiß, deiner Treue ich mir keinen bessern Eidam wünschen kann als eben dich. Komm also mit mir und siehe zu, wie du Madelon zur Frau gewinnen magst.‹

---

15 f. **ging vor mir hell auf:** wurde mir bewusst | 21 **Leutseligkeit:** Wohlwollen | 35 f. **Eidam:** vgl. Fn. 34,28

Cardillacs Worte durchschnitten mir das Herz, ich erbebte vor seiner Bosheit, ich konnte kein Wort hervorbringen. ›Du zauderst‹, fuhr er nun fort mit scharfem Ton, indem seine funkelnden Augen mich durchbohren, ›du zauderst? – du kannst vielleicht heute noch nicht mit mir kommen, du hast andere Dinge vor! – du willst vielleicht Desgrais besuchen, oder dich gar einführen lassen bei d'Argenson oder la Regnie. Nimm dich in Acht, Bursche, dass die Krallen, die du hervorlocken willst zu anderer Leute Verderben, dich nicht selbst fassen und zerreißen.‹ Da macht sich mein tief empörtes Gemüt plötzlich Luft. ›Mögen die‹, rufe ich, ›mögen die, die sich grässlicher Untat bewusst sind, jene Namen fühlen, die Ihr eben nanntet, ich darf das nicht – ich habe nichts mit ihnen zu schaffen.‹ ›Eigentlich‹, spricht Cardillac weiter, ›eigentlich, Olivier, macht es dir Ehre, wenn du bei mir arbeitest, bei mir, dem berühmtesten Meister seiner Zeit, überall hochgeachtet wegen seiner Treue und Rechtschaffenheit, sodass jede böse Verleumdung schwer zurückfallen würde auf das Haupt des Verleumders. – Was nun Madelon betrifft, so muss ich dir nur gestehen, dass du meine Nachgiebigkeit ihr allein verdankest. Sie liebt dich mit einer Heftigkeit, die ich dem zarten Kinde gar nicht zutrauen konnte. Gleich als du fort warst, fiel sie mir zu Füßen, umschlang meine Knie und gestand unter tausend Tränen, dass sie ohne dich nicht leben könne. Ich dachte, sie bilde sich das nur ein, wie es denn bei jungen verliebten Dingern zu geschehen pflegt, dass sie gleich sterben wollen, wenn das erste Milchgesicht sie freundlich angeblickt. Aber in der Tat, meine Madelon wurde siech und krank, und wie ich ihr denn das tolle Zeug ausreden wollte, rief sie hundertmal deinen Namen. Was konnt ich endlich tun, wollt ich sie nicht verzweifeln lassen. Gestern Abend sagt ich ihr, ich willige in alles und werde dich heute holen. Da ist sie über Nacht aufgeblüht wie eine Rose, und harrt nun auf dich ganz außer sich vor Liebessehnsucht –‹ Mag es mir die ewige Macht des Himmels verzeihen, aber selbst weiß ich nicht, wie es geschah, dass ich plötzlich in

13 f. **ich darf das nicht:** hier im Sinne von: ich habe es nicht nötig, ich brauche das nicht | 28 **Milchgesicht:** junger, unerfahrener Mann (noch ohne Bart)

Cardillacs Hause stand, dass Madelon laut aufjauchzend: ›Olivier – mein Olivier – mein Geliebter – mein Gatte‹ auf mich gestürzt, mich mit beiden Armen umschlang, mich fest an ihre Brust drückte, dass ich im Übermaß des höchsten Entzückens bei der Jungfrau und allen Heiligen schwor, sie nimmer, nimmer zu verlassen!«

Erschüttert von dem Andenken an diesen entscheidenden Augenblick musste Olivier innehalten. Die Scuderi, von Grausen erfüllt über die Untat eines Mannes, den sie für die Tugend, die Rechtschaffenheit selbst gehalten, rief: »Entsetzlich! – René Cardillac gehört zu der Mordbande, die unsere gute Stadt so lange zur Räuberhöhle machte?« »Was sagt Ihr, mein Fräulein«, sprach Olivier, »zur Bande? Nie hat es eine solche Bande gegeben. Cardillac allein war es, der mit verruchter Tätigkeit in der ganzen Stadt seine Schlachtopfer suchte und fand. Dass er es allein war, darin liegt die Sicherheit, womit er seine Streiche führte, die unüberwundene Schwierigkeit, dem Mörder auf die Spur zu kommen. – Doch lasst mich fortfahren, der Verfolg wird Euch die Geheimnisse des verruchtesten und zugleich unglücklichsten aller Menschen aufklären. – Die Lage, in der ich mich nun bei dem Meister befand, jeder mag die sich leicht denken. Der Schritt war geschehen, ich konnte nicht mehr zurück. Zuweilen war es mir, als sei ich selbst Cardillacs Mordgehülfe geworden, nur in Madelons Liebe vergaß ich die innere Pein, die mich quälte, nur bei ihr konnt es mir gelingen, jede äußere Spur namenlosen Grams wegzutilgen. Arbeitete ich mit dem Alten in der Werkstatt, nicht ins Antlitz vermochte ich ihm zu schauen, kaum ein Wort zu reden vor dem Grausen, das mich durchbebte in der Nähe des entsetzlichen Menschen, der alle Tugenden des treuen, zärtlichen Vaters, des guten Bürgers erfüllte, während die Nacht seine Untaten verschleierte. Madelon, das fromme, engelsreine Kind, hing an ihm mit abgöttlicher Liebe. Das Herz durchbohrt' es mir, wenn ich daran dachte, dass, träfe einmal die Rache den verlarvten Bösewicht, sie ja, mit aller höllischen List des Satans

19 f. **der Verfolg:** die Fortsetzung | 25 **Mordgehülfe:** Komplize, Helfer | 29 **Antlitz:** Gesicht | 35 **abgöttlicher:** abgöttischer | 36 f. **verlarvten:** maskierten

getäuscht, der grässlichsten Verzweiflung unterliegen müsse. Schon das verschloss mir den Mund, und hätt ich den Tod des Verbrechers darum dulden müssen. Unerachtet ich aus den Reden der Marechaussee genug entnehmen konnte, waren mir Cardillacs Untaten, ihr Motiv, die Art, sie auszuführen, ein Rätsel: die Aufklärung blieb nicht lange aus. Eines Tages war Cardillac, der sonst meinen Abscheu erregend, bei der Arbeit in der heitersten Laune, scherzte und lachte, sehr ernst und in sich gekehrt. Plötzlich warf er das Geschmeide, woran er eben arbeitete, beiseite, dass Stein und Perlen auseinander rollten, stand heftig auf und sprach: ›Olivier! – es kann zwischen uns beiden nicht so bleiben, dies Verhältnis ist mir unerträglich. – Was der feinsten Schlauigkeit Desgrais' und seiner Spießgesellen nicht gelang zu entdecken, das spielte dir der Zufall in die Hände. Du hast mich geschaut in der nächtlichen Arbeit, zu der mich mein böser Stern treibt, kein Widerstand ist möglich. – Auch dein böser Stern war es, der dich mir folgen ließ, der dich in undurchdringliche Schleier hüllte, der deinem Fußtritt die Leichtigkeit gab, dass du unhörbar wandeltest wie das kleinste Tier, sodass ich, der ich in der tiefsten Nacht klar schaue wie der Tiger, der ich Straßen weit das kleinste Geräusch, das Sumsen der Mücke vernehme, dich nicht bemerkte. Dein böser Stern hat dich, meinen Gefährten, mir zugeführt. An Verrat ist, so wie du jetzt stehst, nicht mehr zu denken. Darum magst du alles wissen.‹ ›Nimmermehr werd ich dein Gefährte sein, heuchlerischer Bösewicht.‹ So wollt ich aufschreien, aber das innere Entsetzen, das mich bei Cardillacs Worten erfasst, schnürte mir die Kehle zu. Statt der Worte vermochte ich nur einen unverständigen Laut auszustoßen. Cardillac setzte sich wieder in seinen Arbeitsstuhl. Er trocknete sich den Schweiß von der Stirne. Er schien, von der Erinnerung des Vergangenen hart berührt, sich mühsam zu fassen. Endlich fing er an: ›Weise Männer sprechen viel von den seltsamen Eindrücken, deren Frauen in guter Hoffnung fähig sind, von dem wunderbaren Einfluss solch lebhaften, willenlosen Eindrucks von au-

23 **Sumsen:** Summen | 36 **in guter Hoffnung:** schwanger

ßen her auf das Kind. Von meiner Mutter erzählte man mir eine wunderliche Geschichte. Als die mit mir im ersten Monat schwanger ging, schaute sie mit andern Weibern einem glänzenden Hoffest zu, das in Trianon gegeben wurde. Da fiel ihr Blick auf einen Kavalier in spanischer Kleidung mit einer blitzenden Juwelenkette um den Hals, von der sie die Augen gar nicht mehr abwenden konnte. Ihr ganzes Wesen war Begierde nach den funkelnden Steinen, die ihr ein überirdisches Gut dünkten. Derselbe Kavalier hatte vor mehreren Jahren, als meine Mutter noch nicht verheiratet, ihrer Tugend nachgestellt, war aber mit Abscheu zurückgewiesen worden. Meine Mutter erkannte ihn wieder, aber jetzt war es ihr, als sei er im Glanz der strahlenden Diamanten ein Wesen höherer Art, der Inbegriff aller Schönheit. Der Kavalier bemerkte die sehnsuchtsvollen, feurigen Blicke meiner Mutter. Er glaubte jetzt glücklicher zu sein als vormals. Er wusste sich ihr zu nähern, noch mehr, sie von ihren Bekannten fort an einen einsamen Ort zu locken. Dort schloss er sie brünstig in seine Arme, meine Mutter fasste nach der schönen Kette, aber in demselben Augenblick sank er nieder und riss meine Mutter mit sich zu Boden. Sei es, dass ihn der Schlag plötzlich getroffen, oder aus einer andern Ursache; genug, er war tot. Vergebens war das Mühen meiner Mutter, sich den im Todeskrampf erstarrten Armen des Leichnams zu entwinden. Die hohlen Augen, deren Sehkraft erloschen, auf sie gerichtet, wälzte der Tote sich mit ihr auf dem Boden. Ihr gellendes Hülfsgeschrei drang endlich bis zu in der Ferne Vorübergehenden, die herbeieilten und sie retteten aus den Armen des grausigen Liebhabers. Das Entsetzen warf meine Mutter auf ein schweres Krankenlager. Man gab sie, mich verloren, doch sie gesundete und die Entbindung war glücklicher, als man je hatte hoffen können. Aber die Schrecken jenes fürchterlichen Augenblicks hatten mich getroffen. Mein böser Stern war aufgegangen und hatte den Funken hinabgeschossen, der in mir eine der seltsamsten und verderblichsten Leidenschaften entzündet. Schon in der frühesten

---

4 **Trianon:** Lustschloss im Park von Versailles | 5 **Kavalier:** Ritter, Edelmann | 19 **brünstig:** glühend, erregt

Kindheit gingen mir glänzende Diamanten, goldenes Geschmeide über alles. Man hielt das für gewöhnliche kindische Neigung. Aber es zeigte sich anders, denn als Knabe stahl ich Gold und Juwelen, wo ich sie habhaft werden konnte. Wie der geübteste Kenner unterschied ich aus Instinkt unechtes Geschmeide von echtem. Nur dieses lockte mich, unechtes sowie geprägtes Gold ließ ich unbeachtet liegen. Den grausamsten Züchtigungen des Vaters musste die angeborne Begierde weichen. Um nur mit Gold und edlen Steinen hantieren zu können, wandte ich mich zur Goldschmiedsprofession. Ich arbeitete mit Leidenschaft und wurde bald der erste Meister dieser Art. Nun begann eine Periode, in der der angeborne Trieb, so lange niedergedrückt, mit Gewalt empordrang und mit Macht wuchs, alles um sich her wegzehrend. Sowie ich ein Geschmeide gefertigt und abgeliefert, fiel ich in eine Unruhe, in eine Trostlosigkeit, die mir Schlaf, Gesundheit – Lebensmut raubte. – Wie ein Gespenst stand Tag und Nacht die Person, für die ich gearbeitet, mir vor Augen, geschmückt mit meinem Geschmeide, und eine Stimme raunte mir in die Ohren: ‚Es ist ja dein – es ist ja dein – nimm es doch – was sollen die Diamanten dem Toten!' – Da legt ich mich endlich auf Diebeskünste. Ich hatte Zutritt in den Häusern der Großen, ich nützte schnell jede Gelegenheit, kein Schloss widerstand meinem Geschick und bald war der Schmuck, den ich gearbeitet, wieder in meinen Händen. – Aber nun vertrieb selbst das nicht meine Unruhe. Jene unheimliche Stimme ließ sich dennoch vernehmen und höhnte mich und rief: ‚Ho ho, dein Geschmeide trägt ein Toter!' – Selbst wusste ich nicht, wie es kam, dass ich einen unaussprechlichen Hass auf die warf, denen ich Schmuck gefertigt. Ja! im tiefsten Innern regte sich eine Mordlust gegen sie, vor der ich selbst erbebte. – In dieser Zeit kaufte ich dieses Haus. Ich war mit dem Besitzer handelseinig geworden, hier in diesem Gemach saßen wir erfreut über das geschlossene Geschäft beisammen, und tranken eine Flasche Wein. Es war Nacht worden, ich wollte aufbrechen, da sprach mein

11 **Goldschmiedsprofession:** Beruf des Goldschmieds | 13 **Periode:** Zeitabschnitt

Verkäufer: ‚Hört, Meister René, ehe Ihr fortgeht, muss ich Euch mit einem Geheimnis dieses Hauses bekannt machen.' Darauf schloss er jenen in die Mauer eingeführten Schrank auf, schob die Hinterwand fort, trat in ein kleines Gemach, bückte sich nieder, hob eine Falltür auf. Eine steile, schmale Treppe stiegen wir hinab, kamen an ein schmales Pförtchen, das er aufschloss, traten hinaus in den freien Hof. Nun schritt der alte Herr, mein Verkäufer, hinan an die Mauer, schob an einem nur wenig hervorragenden Eisen, und alsbald drehte sich ein Stück Mauer los, sodass ein Mensch bequem durch die Öffnung schlüpfen und auf die Straße gelangen konnte. Du magst einmal das Kunststück sehen, Olivier, das wahrscheinlich schlaue Mönche des Klosters, welches ehemals hier lag, fertigen ließen, um heimlich aus und ein schlüpfen zu können. Es ist ein Stück Holz, nur von außen gemörtelt und getüncht, in das von außen her eine Bildsäule, auch nur von Holz, doch ganz wie Stein, eingefügt ist, welches sich mitsamt der Bildsäule auf verborgenen Angeln dreht. – Dunkle Gedanken stiegen in mir auf, als ich diese Einrichtung sah, es war mir, als sei vorgearbeitet solchen Taten, die mir selbst noch Geheimnis blieben. Eben hatt ich einem Herrn vom Hofe einen reichen Schmuck abgeliefert, der, ich weiß es, einer Operntänzerin bestimmt war. Die Todesfolter blieb nicht aus – das Gespenst hing sich an meine Schritte – der lispelnde Satan an mein Ohr! – Ich zog ein in das Haus. In blutigem Angstschweiß gebadet, wälzte ich mich schlaflos auf dem Lager! Ich seh im Geiste den Menschen zu der Tänzerin schleichen mit meinem Schmuck. Voller Wut springe ich auf – werfe den Mantel um – steige herab die geheime Treppe – fort durch die Mauer nach der Straße Nicaise. – Er kommt, ich falle über ihn her, er schreit auf, doch von hinten festgepackt stoße ich ihm den Dolch ins Herz – der Schmuck ist mein! – Dies getan fühlte ich eine Ruhe, eine Zufriedenheit in meiner Seele, wie sonst niemals. Das Gespenst war verschwunden, die Stimme des Satans schwieg. Nun wusste ich, was mein böser Stern wollte, ich musst

---

16 **gemörtelt und getüncht:** verputzt und gestrichen | 20 **Einrichtung:** Vorrichtung | 25 **lispelnde:** flüsternde | 31 **Straße Nicaise:** Rue Saint-Nicaise, im 1. Arrondissement; vgl. Anm. zu 15,14

ihm nachgeben oder untergehen! – Du begreifst jetzt mein ganzes Tun und Treiben, Olivier! – Glaube nicht, dass ich darum, weil ich tun muss, was ich nicht lassen kann, jenem Gefühl des Mitleids, des Erbarmens, was in der Natur des Menschen bedingt sein soll, rein entsagt habe. Du weißt, wie schwer es mir wird, einen Schmuck abzuliefern; wie ich für manche, deren Tod ich nicht will, gar nicht arbeite, ja wie ich sogar, weiß ich, dass am morgenden Tage Blut mein Gespenst verbannen wird, heute es bei einem tüchtigen Faustschlage bewenden lasse, der den Besitzer meines Kleinods zu Boden streckt, und mir dieses in die Hand liefert.‹ – Dies alles gesprochen, führte mich Cardillac in das geheime Gewölbe und gönnte mir den Anblick seines Juwelenkabinetts. Der König besitzt es nicht reicher. Bei jedem Schmuck war auf einem kleinen, daran gehängten Zettel genau bemerkt, für wen es gearbeitet, wann es durch Diebstahl, Raub oder Mord genommen worden. ›An deinem Hochzeitstage‹, sprach Cardillac dumpf und feierlich, ›an deinem Hochzeitstage, Olivier, wirst du mir, die Hand gelegt auf des gekreuzigten Christus Bild, einen heiligen Eid schwören, sowie ich gestorben, alle diese Reichtümer in Staub zu vernichten durch Mittel, die ich dir dann bekannt machen werde. Ich will nicht, dass irgendein menschlich Wesen, und am wenigsten Madelon und du, in den Besitz des mit Blut erkauften Horts komme.‹ Gefangen in diesem Labyrinth des Verbrechens, zerrissen von Liebe und Abscheu, von Wonne und Entsetzen, war ich dem Verdammten zu vergleichen, dem ein holder Engel mild lächelnd hinaufwinkt, aber mit glühenden Krallen festgepackt hält ihn der Satan, und des frommen Engels Liebeslächeln, in dem sich alle Seligkeit des hohen Himmels abspiegelt, wird ihm zur grimmigsten seiner Qualen. – Ich dachte an Flucht – ja an Selbstmord – aber Madelon! – Tadelt mich, tadelt mich, mein würdiges Fräulein, dass ich zu schwach war, mit Gewalt eine Leidenschaft niederzukämpfen, die mich an das Verbrechen fesselte; aber büße ich nicht dafür mit schmachvollem Tode? – Eines Tages kam

---

16 **bemerkt:** vermerkt | 25 **Horts:** Schatzes

Cardillac nach Hause ungewöhnlich heiter. Er liebkoste Madelon, warf mir die freundlichsten Blicke zu, trank bei Tische eine Flasche edlen Weins, wie er es nur an hohen Fest- und Feiertagen zu tun pflegte, sang und jubilierte. Madelon hatte uns verlassen, ich wollte in die Werkstatt: ›Bleib sitzen, Junge‹, rief Cardillac, ›heut keine Arbeit mehr, lass uns noch eins trinken auf das Wohl der allerwürdigsten, vortrefflichsten Dame in Paris.‹ Nachdem ich mit ihm angestoßen und er ein volles Glas geleert hatte, sprach er: ›Sag an, Olivier! wie gefallen dir die Verse:

Un amant qui craint les voleurs
n'est point digne d'amour!‹

Er erzählte nun, was sich in den Gemächern der Maintenon mit Euch und dem Könige begeben und fügte hinzu, dass er Euch von jeher verehrt habe, wie sonst kein menschliches Wesen, und dass Ihr, mit solch hoher Tugend begabt, vor der der böse Stern kraftlos erbleiche, selbst den schönsten von ihm gefertigten Schmuck tragend, niemals ein böses Gespenst, Mordgedanken in ihm erregen würdet. ›Höre, Olivier‹, sprach er, ›wozu ich entschlossen. Vor langer Zeit sollt ich Halsschmuck und Armbänder fertigen für Henriette von England und selbst die Steine dazu liefern. Die Arbeit gelang mir wie keine andere, aber es zerriss mir die Brust, wenn ich daran dachte, mich von dem Schmuck, der mein Herzenskleinod geworden, trennen zu müssen. Du weißt der Prinzessin unglücklichen Tod durch Meuchelmord. Ich behielt den Schmuck und will ihn nun als ein Zeichen meiner Ehrfurcht, meiner Dankbarkeit dem Fräulein von Scuderi senden im Namen der verfolgten Bande. – Außerdem, dass die Scuderi das sprechende Zeichen ihres Triumphs erhält, verhöhne ich auch Desgrais und seine Gesellen, wie sie es verdienen. – Du sollst ihr den Schmuck hintragen.‹ Sowie Cardillac Euern Namen nannte, Fräulein, war es, als würden schwarze Schleier weggezogen, und das schöne, lichte Bild meiner glücklichen frühen Kinderzeit ginge wieder auf in bunten, glänzenden Farben. Es kam ein

11 f. **Un amant … d'amour:** vgl. Fn. 18,12 f.

wunderbarer Trost in meine Seele, ein Hoffnungsstrahl, vor dem die finstern Geister schwanden. Cardillac mochte den Eindruck, den seine Worte auf mich gemacht, wahrnehmen und nach seiner Art deuten. ›Dir scheint‹, sprach er, ›mein Vorhaben zu behagen. Gestehen kann ich wohl, dass eine tief innere Stimme, sehr verschieden von der, welche Blutopfer verlangt wie ein gefräßiges Raubtier, mir befohlen hat, dass ich solches tue. – Manchmal wird mir wunderlich im Gemüte – eine innere Angst, die Furcht vor irgendetwas Entsetzlichem, dessen Schauer aus einem fernen Jenseits herüberwehen in die Zeit, ergreift mich gewaltsam. Es ist mir dann sogar, als ob das, was der böse Stern begonnen durch mich, meiner unsterblichen Seele, die daran keinen Teil hat, zugerechnet werden könne. In solcher Stimmung beschloss ↗ ich, für die heilige Jungfrau in der Kirche St. Eustache eine schöne Diamantenkrone zu fertigen. Aber jene unbegreifliche Angst überfiel mich stärker, sooft ich die Arbeit beginnen wollte, da unterließ ich's ganz. Jetzt ist es mir, als wenn ich der Tugend und Frömmigkeit selbst demutsvoll ein Opfer bringe und wirksame Fürsprache erflehe, indem ich der Scuderi den schönsten Schmuck sende, den ich jemals gearbeitet.‹ – Cardillac, mit Eurer ganzen Lebensweise, mein Fräulein, auf das Genaueste bekannt, gab mir nun Art und Weise sowie die Stunde an, wie und wann ich den Schmuck, den er in ein sauberes Kästchen schloss, abliefern solle. Mein ganzes Wesen war Entzücken, denn der Himmel selbst zeigte mir durch den frevelichen Cardillac den Weg, mich zu retten aus der Hölle, in der ich, ein verstoßener Sünder, schmachte. So dacht ich. Ganz gegen Cardillacs Willen wollt ich bis zu Euch dringen. Als Anne Brussons Sohn, als Euer Pflegling gedacht ich, mich Euch zu Füßen zu werfen und Euch alles – alles zu entdecken. Ihr hättet, gerührt von dem namenlosen Elend, das der armen, unschuldigen Madelon drohte bei der Entdeckung, das Geheimnis beachtet, aber Euer hoher, scharfsinniger Geist fand gewiss sichre Mittel, ohne jene Entdeckung der verruchten Bosheit Cardillacs zu steuern. Fragt mich nicht,

36 **fand:** hätte gefunden

worin diese Mittel hätten bestehen sollen, ich weiß es nicht – aber dass Ihr Madelon und mich retten würdet, davon lag die Überzeugung fest in meiner Seele, wie der Glaube an die trostreiche Hülfe der heiligen Jungfrau. – Ihr wisst, Fräulein, dass meine Absicht in jener Nacht fehlschlug. Ich verlor nicht die Hoffnung, ein andermal glücklicher zu sein. Da geschah es, dass Cardillac plötzlich alle Munterkeit verlor. Er schlich trübe umher, starrte vor sich hin, murmelte unverständliche Worte, focht mit den Händen, Feindliches von sich abwehrend, sein Geist schien gequält von bösen Gedanken. So hatte er es einen ganzen Morgen getrieben. Endlich setzte er sich an den Werktisch, sprang unmutig wieder auf, schaute durchs Fenster, sprach ernst und düster: ›Ich wollte doch, Henriette von England hätte meinen Schmuck getragen!‹ – Die Worte erfüllten mich mit Entsetzen. Nun wusst ich, dass sein irrer Geist wieder erfasst war von dem abscheulichen Mordgespenst, dass des Satans Stimme wieder laut worden vor seinen Ohren. Ich sah Euer Leben bedroht von dem verruchten Mordteufel. Hatte Cardillac nur seinen Schmuck wieder in Händen, so wart Ihr gerettet. Mit jedem Augenblick wuchs die Gefahr. Da begegnete ich Euch auf dem Pontneuf, drängte mich an Eure Kutsche, warf Euch jenen Zettel zu, der Euch beschwor, doch nur gleich den erhaltenen Schmuck in Cardillacs Hände zu bringen. Ihr kamt nicht. Meine Angst stieg bis zur Verzweiflung, als andern Tages Cardillac von nichts anderm sprach, als von dem köstlichen Schmuck, der ihm in der Nacht vor Augen gekommen. Ich konnte das nur auf Euern Schmuck deuten, und es wurde mir gewiss, dass er über irgendeinen Mordanschlag brüte, den er gewiss schon in der Nacht auszuführen sich vorgenommen. Euch retten musst ich, und soll' es Cardillacs Leben kosten. Sowie Cardillac nach dem Abendgebet sich wie gewöhnlich eingeschlossen, stieg ich durch ein Fenster in den Hof, schlüpfte durch die Öffnung in der Mauer und stellte mich unfern in den tiefen Schatten. Nicht lange dauerte es, so kam Cardillac heraus und schlich leise durch die Straße fort. Ich hinter ihm her.

Es ging nach der Straße St. Honoré, mir bebte das Herz. Cardillac war mit einem Mal mir entschwunden. Ich beschloss, mich an Eure Haustüre zu stellen. Da kommt singend und trillernd, wie damals, als der Zufall mich zum Zuschauer von Cardillacs Mordtat machte, ein Offizier bei mir vorüber, ohne mich zu gewahren. Aber in demselben Augenblick springt eine schwarze Gestalt hervor und fällt über ihn her. Es ist Cardillac. Diesen Mord will ich hindern, mit einem lauten Schrei bin ich in zwei – drei Sätzen zur Stelle – Nicht der Offizier – Cardillac sinkt zum Tode getroffen röchelnd zu Boden. Der Offizier lässt den Dolch fallen, reißt den Degen aus der Scheide, stellt sich, wähnend ich sei des Mörders Geselle, kampffertig mir entgegen, eilt aber schnell davon, als er gewahrt, dass ich, ohne mich um ihn zu kümmern, nur den Leichnam untersuche. Cardillac lebte noch. Ich lud ihn, nachdem ich den Dolch, den der Offizier hatte fallen lassen, zu mir gesteckt, auf die Schultern und schleppte ihn mühsam fort nach Hause, und durch den geheimen Gang hinauf in die Werkstatt. – Das Übrige ist Euch bekannt. Ihr seht, mein würdiges Fräulein, dass mein einziges Verbrechen nur darin besteht, dass ich Madelons Vater nicht den Gerichten verriet und so seinen Untaten ein Ende machte. Rein bin ich von jeder Blutschuld. – Keine Marter wird mir das Geheimnis von Cardillacs Untaten abzwingen. Ich will nicht, dass der ewigen Macht, die der tugendhaften Tochter des Vaters grässliche Blutschuld verschleierte, zum Trotz, das ganze Elend der Vergangenheit, ihres ganzen Seins noch jetzt tötend auf sie einbreche, dass noch jetzt die weltliche Rache den Leichnam aufwühle aus der Erde, die ihn deckt, dass noch jetzt der Henker die vermoderten Gebeine mit Schande brandmarke. – Nein! – mich wird die Geliebte meiner Seele beweinen als den unschuldig Gefallenen, die Zeit wird ihren Schmerz lindern, aber unüberwindlich würde der Jammer sein über des geliebten Vaters entsetzliche Taten der Hölle!« –

Olivier schwieg, aber nun stürzte plötzlich ein Tränenstrom aus seinen Augen, er warf sich der Scuderi zu Füßen

---

1 **Straße St. Honoré:** vgl. Anm. zu 3,1 | 12 **wähnend:** vermutend | 23 **Blutschuld:** Schuld an einer Bluttat, an einem Mord | 23 **Marter:** Folter

und flehte: »Ihr seid von meiner Unschuld überzeugt – gewiss Ihr seid es! – Habt Erbarmen mit mir, sagt, wie steht es um Madelon?« – Die Scuderi rief der Martiniere, und nach wenigen Augenblicken flog Madelon an Oliviers Hals. »Nun ist alles gut, da du hier bist – ich wusst es ja, dass die edelmütigste Dame dich retten würde!« So rief Madelon einmal über das andere, und Olivier vergaß sein Schicksal, alles was ihm drohte, er war frei und selig. Auf das Rührendste klagten beide sich, was sie umeinander gelitten, und umarmten sich dann aufs Neue und weinten vor Entzücken, dass sie sich wiedergefunden.

Wäre die Scuderi nicht von Oliviers Unschuld schon überzeugt gewesen, der Glaube daran müsste ihr jetzt gekommen sein, da sie die beiden betrachtete, die in der Seligkeit des innigsten Liebesbündnisses die Welt vergaßen und ihr Elend und ihr namenloses Leiden. »Nein«, rief sie, »solch seliger Vergessenheit ist nur ein reines Herz fähig.«

Die hellen Strahlen des Morgens brachen durch die Fenster. Desgrais klopfte leise an die Türe des Gemachs und erinnerte, dass es Zeit sei, Olivier Brusson fortzuschaffen, da ohne Aufsehen zu erregen das später nicht geschehen könne. Die Liebenden mussten sich trennen. –

Die dunklen Ahnungen, von denen der Scuderi Gemüt befangen seit Brussons erstem Eintritt in ihr Haus, hatten sich nun zum Leben gestaltet auf furchtbare Weise. Den Sohn ihrer geliebten Anne sah sie schuldlos verstrickt auf eine Art, dass ihn vom schmachvollen Tod zu retten kaum denkbar schien. Sie ehrte des Jünglings Heldensinn, der lieber schuldbeladen sterben, als ein Geheimnis verraten wollte, das seiner Madelon den Tod bringen musste. Im ganzen Reiche der Möglichkeit fand sie kein Mittel, den Ärmsten dem grausamen Gerichtshofe zu entreißen. Und doch stand es fest in ihrer Seele, dass sie kein Opfer scheuen müsse, das himmelschreiende Unrecht abzuwenden, das man zu begehen im Begriffe war. – Sie quälte sich ab mit allerlei Entwürfen und Plänen, die bis an das Abenteuerliche streiften, und die sie ebenso schnell verwarf als auffasste. Immer

---

3 **rief der:** rief nach

mehr verschwand jeder Hoffnungsschimmer, sodass sie verzweifeln wollte. Aber Madelons unbedingtes, frommes kindliches Vertrauen, die Verklärung, mit der sie von dem Geliebten sprach, der nun bald, freigesprochen von jeder Schuld, sie als Gattin umarmen werde, richtete die Scuderi in eben dem Grad wieder auf, als sie davon bis tief ins Herz gerührt wurde.

Um nun endlich etwas zu tun, schrieb die Scuderi an la Regnie einen langen Brief, worin sie ihm sagte, dass Olivier Brusson ihr auf die glaubwürdigste Weise seine völlige Unschuld an Cardillacs Tode dargetan habe, und dass nur der heldenmütige Entschluss, ein Geheimnis in das Grab zu nehmen, dessen Enthüllung die Unschuld und Tugend selbst verderben würde, ihn zurückhalte, dem Gericht ein Geständnis abzulegen, das ihn von dem entsetzlichen Verdacht nicht allein, dass er Cardillac ermordet, sondern dass er auch zur Bande verruchter Mörder gehöre, befreien müsse. Alles was glühender Eifer, was geistvolle Beredsamkeit vermag, hatte die Scuderi aufgeboten, la Regnies hartes Herz zu erweichen. Nach wenigen Stunden antwortete la Regnie, wie es ihn herzlich freue, wenn Olivier Brusson sich bei seiner hohen, würdigen Gönnerin gänzlich gerechtfertigt habe. Was Oliviers heldenmütigen Entschluss betreffe, ein Geheimnis, das sich auf die Tat beziehe, mit ins Grab nehmen zu wollen, so tue es ihm leid, dass die Chambre ardente dergleichen Heldenmut nicht ehren könne, denselben vielmehr durch die kräftigsten Mittel zu brechen suchen müsse. Nach drei Tagen hoffe er in dem Besitz des seltsamen Geheimnisses zu sein, das wahrscheinlich geschehene Wunder an den Tag bringen werde.

Nur zu gut wusste die Scuderi, was der fürchterliche la Regnie mit jenen Mitteln, die Brussons Heldenmut brechen sollten, meinte. Nun war es gewiss, dass die Tortur über den Unglücklichen verhängt war. In der Todesangst fiel der Scuderi endlich ein, dass, um nur Aufschub zu erlangen, der Rat eines Rechtsverständigen dienlich sein könne. Pierre Arnaud d'Andilly war damals der berühmteste Advokat in

33 **Tortur:** vgl. Fn. 43,6 | 36 f. **Pierre Arnaud d'Andilly:** Hoffmann hat diesen Namen von Voltaire entlehnt.

Paris. Seiner tiefen Wissenschaft, seinem umfassenden Verstande war seine Rechtschaffenheit, seine Tugend gleich. Zu dem begab sich die Scuderi und sagte ihm alles, so weit es möglich war, ohne Brussons Geheimnis zu verletzen. Sie glaubte, dass d'Andilly mit Eifer sich des Unschuldigen annehmen werde, ihre Hoffnung wurde aber auf das Bitterste getäuscht. D'Andilly hatte ruhig alles angehört und erwiderte dann lächelnd mit Boileaus Worten: »Le vrai peut quelque fois n'être pas vraisemblable.« – Er bewies der Scuderi, dass die auffallendsten Verdachtsgründe wider Brusson sprächen, dass la Regnies Verfahren keineswegs grausam und übereilt zu nennen, vielmehr ganz gesetzlich sei, ja dass er nicht anders handeln könne, ohne die Pflichten des Richters zu verletzen. Er, d'Andilly, selbst getraue sich nicht durch die geschickteste Verteidigung Brusson von der Tortur zu retten. Nur Brusson selbst könne das entweder durch aufrichtiges Geständnis oder wenigstens durch die genaueste Erzählung der Umstände bei dem Morde Cardillacs, die dann vielleicht erst zu neuen Ausmittelungen Anlass geben würden. »So werfe ich mich dem Könige zu Füßen, und flehe um Gnade«, sprach die Scuderi ganz außer sich mit von Tränen halb erstickter Stimme. »Tut das«, rief d'Andilly, »tut das um des Himmels willen nicht, mein Fräulein! – Spart Euch dieses letzte Hülfsmittel auf, das, schlug es einmal fehl, Euch für immer verloren ist. Der König wird nimmer einen Verbrecher d e r Art begnadigen, der bitterste Vorwurf des gefährdeten Volks würde ihn treffen. Möglich ist es, dass Brusson durch Entdeckung seines Geheimnisses oder sonst Mittel findet, den wider ihn streitenden Verdacht aufzuheben. Dann ist es Zeit, des Königs Gnade zu erflehen, der nicht darnach fragen, was vor Gericht bewiesen ist, oder nicht, sondern seine innere Überzeugung zu Rate ziehen wird.« – Die Scuderi musste dem tief erfahrnen d'Andilly notgedrungen beipflichten. – In tiefen Kummer versenkt, sinnend und sinnend, was um der Jungfrau und aller Heiligen willen sie nun anfangen solle, um den unglücklichen Brusson zu retten, saß sie am späten

---

8 **Boileaus:** vgl. Anm. zu 29,9 | 8 f. **»Le vrai … vraisemblable«:** »Zuweilen wirkt selbst Tatsächliches unwahrscheinlich« | 35 f. **um der Jungfrau:** um Marias willen

Abend in ihrem Gemach, als die Martiniere eintrat und den Grafen von Miossens, Obristen von der Garde des Königs, meldete, der dringend wünsche, das Fräulein zu sprechen.

»Verzeiht«, sprach Miossens, indem er sich mit soldatischem Anstande verbeugte, »verzeiht, mein Fräulein, wenn ich Euch so spät, so zu ungelegener Zeit überlaufe. Wir Soldaten machen es nicht anders, und zudem bin ich mit zwei Worten entschuldigt. – Olivier Brusson führt mich zu Euch.« Die Scuderi, hochgespannt, was sie jetzt wieder erfahren werde, rief laut: »Olivier Brusson? der unglücklichste aller Menschen? – was habt Ihr mit dem?« – »Dacht ich's doch«, sprach Miossens lächelnd weiter, »dass Eures Schützlings Namen hinreichen würde, mir bei Euch ein geneigtes Ohr zu verschaffen. Die ganze Welt ist von Brussons Schuld überzeugt. Ich weiß, dass Ihr eine andere Meinung hegt, die sich freilich nur auf die Beteurungen des Angeklagten stützen soll, wie man gesagt hat. Mit mir ist es anders. Niemand als ich kann besser überzeugt sein von Brussons Unschuld an dem Tode Cardillacs.« »Redet, o redet«, rief die Scuderi, indem ihr die Augen glänzten vor Entzücken. »Ich«, sprach Miossens mit Nachdruck, »ich war es selbst, der den alten Goldschmied niederstieß in der Straße St. Honoré unfern Eurem Hause.« »Um aller Heiligen willen, Ihr – Ihr!«, rief die Scuderi. »Und«, fuhr Miossens fort, »und ich schwöre es Euch, mein Fräulein, dass ich stolz bin auf meine Tat. Wisset, dass Cardillac der verruchteste, heuchlerischste Bösewicht, dass er es war, der in der Nacht heimtückisch mordete und raubte, und so lange allen Schlingen entging. Ich weiß selbst nicht, wie es kam, dass ein innerer Verdacht sich in mir gegen den alten Bösewicht regte, als er voll sichtlicher Unruhe den Schmuck brachte, den ich bestellt, als er sich genau erkundigte, für wen ich den Schmuck bestimmt, und als er auf recht listige Art meinen Kammerdiener ausgefragt hatte, wenn ich eine gewisse Dame zu besuchen pflege. – Längst war es mir aufgefallen, dass die unglücklichen Schlachtopfer der abscheulichsten Raubgier alle dieselbe Todeswunde trugen. Es war

6 **überlaufe:** hier im Sinne von: störe

mir gewiss, dass der Mörder auf den Stoß, der augenblicklich töten musste, eingeübt war und darauf rechnete. Schlug der fehl, so galt es den gleichen Kampf. Dies ließ mich eine Vorsichtsmaßregel brauchen, die so einfach ist, dass ich nicht begreife, wie andere nicht längst darauf fielen und sich retteten von dem bedrohlichen Mordwesen. Ich trug einen leichten Brustharnisch unter der Weste. Cardillac fiel mich von hinten an. Er umfasste mich mit Riesenkraft, aber der sicher geführte Stoß glitt ab an dem Eisen. In demselben Augenblick entwand ich mich ihm, und stieß ihm den Dolch, den ich in Bereitschaft hatte, in die Brust.« »Und Ihr schwiegt«, fragte die Scuderi, »Ihr zeigtet den Gerichten nicht an, was geschehen?« »Erlaubt«, sprach Miossens weiter, »erlaubt, mein Fräulein, zu bemerken, dass eine solche Anzeige mich, wo nicht geradezu ins Verderben, doch in den abscheulichsten Prozess verwickeln konnte. Hätte la Regnie, überall Verbrechen witternd, mir's denn geradehin geglaubt, wenn ich den rechtschaffenen Cardillac, das Muster aller Frömmigkeit und Tugend, des versuchten Mordes angeklagt? Wie wenn das Schwert der Gerechtigkeit seine Spitze wider mich selbst gewandt?« »Das war nicht möglich«, rief die Scuderi, »Eure Geburt – Euer Stand« – »O«, fuhr Miossens fort, »denkt doch an den Marschall von Luxemburg, den der Einfall, sich von le Sage das Horoskop stellen zu lassen, in den Verdacht des Giftmordes und in die Bastille brachte. Nein, beim St. Dionys, nicht eine Stunde Freiheit, nicht meinen Ohrzipfel geb ich preis dem rasenden la Regnie, der sein Messer gern an unserer aller Kehlen setzte.« »Aber so bringt Ihr ja den unschuldigen Brusson aufs Schaffott?«, fiel ihm die Scuderi ins Wort. »Unschuldig«, erwiderte Miossens, »unschuldig, mein Fräulein, nennt Ihr des verruchten Cardillacs Spießgesellen? – der ihm beistand in seinen Taten? der den Tod hundertmal verdient hat? – Nein in der Tat, d e r blutet mit Recht, und dass ich Euch, mein hochverehrtes Fräulein, den wahren Zusammenhang der Sache entdeckte, geschah in der Voraussetzung, dass Ihr, ohne mich in die Hände der

---

7 **Brustharnisch:** gepanzerte Weste | 23 f. **Marschall von Luxemburg:** vgl. 12,15–17 und Anm. dazu | 26 **St. Dionys:** vgl. Anm. zu 18,17 | 30 **Schaffott:** Schafott: Schaubühne, auf der Hinrichtungen stattfinden | 37 **in der Voraussetzung:** unter der Voraussetzung

Chambre ardente zu liefern, doch mein Geheimnis auf irgendeine Weise für Euren Schützling zu nützen verstehen würdet.«

Die Scuderi, im Innersten entzückt, ihre Überzeugung von Brussons Unschuld auf solch entscheidende Weise bestätigt zu sehen, nahm gar keinen Anstand, dem Grafen, der Cardillacs Verbrechen ja schon kannte, alles zu entdecken und ihn aufzufordern, sich mit ihr zu d'Andilly zu begeben. Dem sollte unter dem Siegel der Verschwiegenheit alles entdeckt werden, der solle dann Rat erteilen, was nun zu beginnen.

D'Andilly, nachdem die Scuderi ihm alles auf das Genaueste erzählt hatte, erkundigte sich nochmals nach den geringfügigsten Umständen. Insbesondere fragte er den Grafen Miossens, ob er auch die feste Überzeugung habe, dass er von Cardillac angefallen, und ob er Olivier Brusson als denjenigen würde wiedererkennen können, der den Leichnam fortgetragen. »Außer dem«, erwiderte Miossens, »dass ich in der mondhellen Nacht den Goldschmied recht gut erkannte, habe ich auch bei la Regnie selbst den Dolch gesehen, mit dem Cardillac niedergestoßen wurde. Es ist der meinige, ausgezeichnet durch die zierliche Arbeit des Griffs. Nur einen Schritt von ihm stehend gewahrte ich alle Züge des Jünglings, dem der Hut vom Kopf gefallen, und würde ihn allerdings wieder erkennen können.«

D'Andilly sah schweigend einige Augenblicke vor sich nieder, dann sprach er: »Auf gewöhnlichem Wege ist Brusson aus den Händen der Justiz nun ganz und gar nicht zu retten. Er will Madelons halber Cardillac nicht als Mordräuber nennen. Das mag er tun, denn selbst, wenn es ihm gelingen müsste, durch Entdeckung des heimlichen Ausgangs, des zusammengeraubten Schatzes dies nachzuweisen, würde ihn doch als Mitverbundenen der Tod treffen. Dasselbe Verhältnis bleibt stehen, wenn der Graf Miossens die Begebenheit mit dem Goldschmied, wie sie wirklich sich zutrug, den Richtern entdecken sollte. Aufschub ist das Einzige, wornach getrachtet werden muss. Graf Miossens begibt sich nach der Conciergerie, lässt sich Olivier Brusson vorstellen und erkennt ihn für den, der den Leichnam Cardillacs fortschaffte. Er eilt zu la Regnie und sagt: ›In der Straße St. Honoré sah ich einen Menschen niederstoßen, ich stand dicht neben dem Leichnam, als ein anderer hinzusprang, sich zum Leichnam niederbückte, ihn, da er noch Leben spürte, auf die Schultern lud und forttrug. In Olivier Brusson habe ich diesen Menschen erkannt.‹ Diese Aussage veranlasst Brussons nochmalige Vernehmung, Zusammenstellung mit dem Grafen Miossens. Genug, die Tortur unterbleibt und man forscht weiter nach. Dann ist es Zeit, sich an den König selbst zu wenden. Euerm Scharfsinn, mein Fräulein! bleibt es überlassen, dies auf die geschickteste Weise zu tun. Nach meinem Dafürhalten würd es gut sein, dem Könige das ganze Geheimnis zu entdecken. Durch diese Aussage des Grafen Miossens werden Brussons Geständnisse unterstützt. Dasselbe geschieht vielleicht durch geheime Nachforschungen in Cardillacs Hause. Keinen Rechtsspruch, aber des Königs Entscheidung, auf inneres Gefühl, das da, wo der Richter strafen muss, Gnade ausspricht, gestützt, kann das alles begründen.« – Graf Miossens befolgte genau, was d'Andilly geraten, und es geschah wirklich, was dieser vorhergesehen.

Nun kam es darauf an, den König anzugehen, und dies war der schwierigste Punkt, da er gegen Brusson, den er allein für den entsetzlichen Raubmörder hielt, welcher so lange Zeit hindurch ganz Paris in Angst und Schrecken gesetzt hatte, solchen Abscheu hegte, dass er, nur leise erinnert an den berüchtigten Prozess, in den heftigsten Zorn geriet. Die Maintenon, ihrem Grundsatz, dem Könige nie von unangenehmen Dingen zu reden, getreu, verwarf jede Vermittlung, und so war Brussons Schicksal ganz in die Hand der Scuderi gelegt. Nach langem Sinnen fasste sie einen Entschluss ebenso schnell als sie ihn ausführt. Sie kleidete sich in eine schwarze Robe von schwerem Seidenzeug, schmückte sich mit Cardillacs köstlichem Geschmeide, hing einen langen, schwarzen Schleier über, und erschien so

---

30 **Maintenon:** vgl. Anm. zu 3,4

in den Gemächern der Maintenon zur Stunde, da eben der König zugegen. Die edle Gestalt des ehrwürdigen Fräuleins in diesem feierlichen Anzuge hatte eine Majestät, die tiefe Ehrfurcht erwecken musste selbst bei dem losen Volk, das gewohnt ist, in den Vorzimmern sein leichtsinnig nichts beachtendes Wesen zu treiben. Alles wich scheu zur Seite, und als sie nun eintrat, stand selbst der König ganz verwundert auf und kam ihr entgegen. Da blitzten ihm die köstlichen Diamanten des Halsbands, der Armbänder ins Auge und er rief: »Beim Himmel, das ist Cardillacs Geschmeide!« Und dann sich zur Maintenon wendend, fügte er mit anmutigem Lächeln hinzu: »Seht Frau Marquise, wie unsere schöne Braut um ihren Bräutigam trauert.« »Ei gnädiger Herr«, fiel die Scuderi wie den Scherz fortsetzend ein, »wie würd es ziemen einer schmerzerfüllten Braut, sich so glanzvoll zu schmücken? Nein, ich habe mich ganz losgesagt von diesem Goldschmied, und dächte nicht mehr an ihn, träte mir nicht manchmal das abscheuliche Bild, wie er ermordet dicht bei mir vorübergetragen wurde, vor Augen.« »Wie«, fragte der König, »wie! Ihr habt ihn gesehen, den armen Teufel?« Die Scuderi erzählte nun mit kurzen Worten, wie sie der Zufall (noch erwähnte sie nicht der Einmischung Brussons) vor Cardillacs Haus gebracht, als eben der Mord entdeckt worden. Sie schilderte Madelons wilden Schmerz, den tiefen Eindruck, den das Himmelskind auf sie gemacht, die Art, wie sie die Arme unter Zujauchzen des Volks aus Desgrais' Händen gerettet. Mit immer steigendem und steigendem Interesse begannen nun die Szenen mit la Regnie – mit Desgrais – mit Olivier Brusson selbst. Der König, hingerissen von der Gewalt des lebendigsten Lebens, das in der Scuderi Rede glühte, gewahrte nicht, dass von dem gehässigen Prozess des ihm abscheulichen Brussons die Rede war, vermochte nicht ein Wort hervorzubringen, konnte nur dann und wann mit einem Ausruf Luft machen der innern Bewegung. Ehe er sich's versah, ganz außer sich über das Unerhörte, was er erfahren und noch nicht vermögend alles zu ordnen, lag die Scu-

35 **innern:** inneren

deri schon zu seinen Füßen und flehte um Gnade für Olivier Brusson. »Was tut Ihr«, brach der König los, indem er sie bei beiden Händen fasste und in den Sessel nötigte, »was tut Ihr, mein Fräulein! – Ihr überrascht mich auf seltsame Weise! – Das ist ja eine entsetzliche Geschichte! – Wer bürgt für die Wahrheit der abenteuerlichen Erzählung Brussons?« Darauf die Scuderi: »Miossens' Aussage – die Untersuchung in Cardillacs Hause – innere Überzeugung – ach! Madelons tugendhaftes Herz, das gleiche Tugend in dem unglücklichen Brusson erkannte!« – Der König, im Begriff, etwas zu erwidern, wandte sich auf ein Geräusch um, das an der Türe entstand. Louvois, der eben im andern Gemach arbeitete, sah hinein mit besorglicher Miene. Der König stand auf und verließ, Louvois folgend, das Zimmer. Beide, die Scuderi, die Maintenon hielten diese Unterbrechung für gefährlich, denn einmal überrascht, mochte der König sich hüten, in die gestellte Falle zum zweiten Mal zu gehen. Doch nach einigen Minuten trat der König wieder hinein, schritt rasch ein paar Mal im Zimmer auf und ab, stellte sich dann, die Hände über den Rücken geschlagen, dicht vor der Scuderi hin und sprach, ohne sie anzublicken, halb leise: »Wohl möcht ich Eure Madelon sehen!« – Darauf die Scuderi: »O mein gnädiger Herr, welches hohen – hohen Glücks würdigt Ihr das arme, unglückliche Kind – ach, nur Eures Winks bedurft es ja, die Kleine zu Euren Füßen zu sehen.« Und trippelte dann, so schnell sie es in den schweren Kleidern vermochte, nach der Tür und rief hinaus, der König wolle Madelon Cardillac vor sich lassen, und kam zurück und weinte und schluchzte vor Entzücken und Rührung. Die Scuderi hatte solche Gunst geahnet, und daher Madelon mitgenommen, die bei der Marquise Kammerfrau wartete mit einer kurzen Bittschrift in den Händen, die ihr d'Andilly aufgesetzt. In wenig Augenblicken lag sie sprachlos dem Könige zu Füßen. Angst – Bestürzung – scheue Ehrfurcht – Liebe und Schmerz – trieben der Armen rascher und rascher das siedende Blut durch alle Adern. Ihre Wangen glühten in hohem Purpur – die Augen glänzten von hellen Tränenperlen, die dann und wann hinabfielen durch die seidenen Wimpern auf den schönen Lilienbusen. Der König schien betroffen über die wunderbare Schönheit des Engelskinds. Er hob das Mädchen sanft auf, dann machte er eine Bewegung, als wolle er ihre Hand, die er gefasst, küssen. Er ließ sie wieder und schaute das holde Kind an mit tränenfeuchtem Blick, der von der tiefsten innern Rührung zeugte. Leise lispelte die Maintenon der Scuderi zu: »Sieht sie nicht der la Valliere ähnlich auf ein Haar, das kleine Ding? – Der König schwelgt in den süßesten Erinnerungen. Euer Spiel ist gewonnen.« – So leise dies auch die Maintenon sprach, doch schien es der König vernommen zu haben. Eine Röte überflog sein Gesicht, sein Blick streifte bei der Maintenon vorüber, er las die Supplik, die Madelon ihm überreicht, und sprach dann mild und gütig: »Ich will's wohl glauben, dass du, mein liebes Kind, von deines Geliebten Unschuld überzeugt bist, aber hören wir, was die Chambre ardente dazu sagt!« – Eine sanfte Bewegung mit der Hand verabschiedete die Kleine, die in Tränen verschwimmen wollte. – Die Scuderi gewahrte zu ihrem Schreck, dass die Erinnerung an die Valliere, so ersprießlich sie anfangs geschienen, des Königs Sinn geändert hatte, sowie die Maintenon den Namen genannt. Mocht es sein, dass der König sich auf unzarte Weise daran erinnert fühlte, dass er im Begriff stehe, das strenge Recht der Schönheit aufzuopfern, oder vielleicht ging es dem Könige wie dem Träumer, dem, hart angerufen, die schönen Zauberbilder, die er zu umfassen gedachte, schnell verschwinden. Vielleicht sah er nun nicht mehr seine Valliere vor sich, sondern dachte nur an die Sœur Louise de la miséricorde (der Valliere Klostername bei den Karmeliternonnen), die ihn peinigte mit ihrer Frömmigkeit und Buße. – Was war jetzt anders zu tun, als des Königs Beschlüsse ruhig abzuwarten.

Des Grafen Miossens Aussage vor der Chambre ardente war indessen bekannt geworden, und wie es zu geschehen pflegt, dass das Volk leicht getrieben wird von einem Extrem zum andern, so wurde derselbe, den man erst als den

8 **lispelte:** flüsterte | 14 **Supplik:** Bittschrift | 30 **Sœur Louise de la miséricorde:** Schwester Louise von der Barmherzigkeit

verruchtesten Mörder verfluchte und den man zu zerreißen drohte, noch ehe er die Blutbühne bestiegen, als unschuldiges Opfer einer barbarischen Justiz beklagt. Nun erst erinnerten sich die Nachbarsleute seines tugendhaften Wandels, der großen Liebe zu Madelon, der Treue, der Ergebenheit mit Leib und Seele, die er zu dem alten Goldschmied gehegt. – Ganze Züge des Volks erschienen oft auf bedrohliche Weise vor la Regnies Palast und schrien: »Gib uns Olivier Brusson heraus, er ist unschuldig«, und warfen wohl gar Steine nach den Fenstern, sodass la Regnie genötigt war, bei der Marechaussee Schutz zu suchen vor dem erzürnten Pöbel.

Mehrere Tage vergingen, ohne dass der Scuderi von Olivier Brussons Prozess nur das Mindeste bekannt wurde. Ganz trostlos begab sie sich zur Maintenon, die aber versicherte, dass der König über die Sache schweige, und es gar nicht geraten scheine, ihn daran zu erinnern. Fragte sie nun noch mit sonderbarem Lächeln, was denn die kleine Valliere mache? so überzeugte sich die Scuderi, dass tief im Innern der stolzen Frau sich ein Verdruss über eine Angelegenheit regte, die den reizbaren König in ein Gebiet locken konnte, auf dessen Zauber sie sich nicht verstand. Von der Maintenon konnte sie daher gar nichts hoffen.

Endlich mit d'Andillys Hülfe gelang es der Scuderi, auszukundschaften, dass der König eine lange geheime Unterredung mit dem Grafen Miossens gehabt. Ferner, dass Bontems, des Königs vertrautester Kammerdiener und Geschäftsträger in der Conciergerie gewesen, und mit Brusson gesprochen, dass endlich in einer Nacht eben derselbe Bontems mit mehreren Leuten in Cardillacs Hause gewesen und sich lange darin aufgehalten. Claude Patru, der Bewohner des untern Stocks, versicherte, die ganze Nacht habe es über seinem Kopfe gepoltert, und gewiss sei Olivier dabei gewesen, denn er habe seine Stimme genau erkannt. So viel war also gewiss, dass der König selbst dem wahren Zusammenhange der Sache nachforschen ließ, unbegreiflich blieb aber die lange Verzögerung des Beschlusses. La Regnie

---

7 **Ganze Züge:** größere Mengen

mochte alles aufbieten, das Opfer, das ihm entrissen werden sollte, zwischen den Zähnen festzuhalten. Das verdarb jede Hoffnung im Aufkeimen.

Beinahe ein Monat war vergangen, da ließ die Maintenon der Scuderi sagen, der König wünsche sie heute Abend in ihren, der Maintenon, Gemächern zu sehen.

Das Herz schlug der Scuderi hochauf, sie wusste, dass Brussons Sache sich nun entscheiden würde. Sie sagte es der armen Madelon, die zur Jungfrau, zu allen Heiligen inbrünstig betete, dass sie doch nur in dem König die Überzeugung von Brussons Unschuld erwecken möchten.

Und doch schien es, als habe der König die ganze Sache vergessen, denn wie sonst, weilend in anmutigen Gesprächen mit der Maintenon und der Scuderi, gedachte er nicht mit einer Silbe des armen Brussons. Endlich erschien Bontems, näherte sich dem Könige und sprach einige Worte so leise, dass beide Damen nichts davon verstanden. – Die Scuderi erbebte im Innern. Da stand der König auf, schritt auf die Scuderi zu und sprach mit leuchtenden Blicken: »Ich wünsche Euch Glück, mein Fräulein! – Euer Schützling, Olivier Brusson, ist frei!« – Die Scuderi, der die Tränen aus den Augen stürzten, keines Wortes mächtig, wollte sich dem Könige zu Füßen werfen. Der hinderte sie daran, sprechend: »Geht, geht! Fräulein, Ihr solltet Parlamentsadvokat sein und meine Rechtshändel ausfechten, denn, beim heiligen Dionys, Eurer Beredsamkeit widersteht niemand auf Erden. – Doch«, fügte er ernster hinzu, »doch, wen die Tugend selbst in Schutz nimmt, mag der nicht sicher sein vor jeder bösen Anklage, vor der Chambre ardente und allen Gerichtshöfen in der Welt!« – Die Scuderi fand nun Worte, die sich in den glühendsten Dank ergossen. Der König unterbrach sie, ihr ankündigend, dass in ihrem Hause sie selbst viel feurigerer Dank erwarte, als er von ihr fordern könne, denn wahrscheinlich umarme in diesem Augenblick der glückliche Olivier schon seine Madelon. »Bontems«, so schloss der König, »Bontems soll Euch tausend Louis auszahlen, die gebt in meinem Namen

---

24f. **Parlamentsadvokat:** Rechtsbeistand im Parlament, der dort die Interessen des Königs vertritt | 26 **heiligen Dionys:** vgl. Anm. zu 18,17 | 37 **Louis:** vgl. Fn. 23,5

der Kleinen als Brautschatz. Mag sie ihren Brusson, der solch ein Glück gar nicht verdient, heiraten, aber dann sollen beide fort aus Paris. Das ist mein Wille.«

Die Martiniere kam der Scuderi entgegen mit raschen Schritten, hinter ihr her Baptiste, beide mit vor Freude glänzenden Gesichtern, beide jauchzend, schreiend: »Er ist hier – er ist frei! – o die lieben jungen Leute!« Das selige Paar stürzte der Scuderi zu Füßen. »O ich habe es ja gewusst, dass Ihr, Ihr allein mir den Gatten retten würdet«, rief Madelon. »Ach der Glaube an Euch, meine Mutter, stand ja fest in meiner Seele«, rief Olivier, und beide küssten der würdigen Dame die Hände und vergossen tausend heiße Tränen. Und dann umarmten sie sich wieder und beteuerten, dass die überirdische Seligkeit dieses Augenblicks alle namenlose Leiden der vergangenen Tage aufwiege; und schworen, nicht voneinander zu lassen bis in den Tod.

Nach wenigen Tagen wurden sie verbunden durch den Segen des Priesters. Wäre es auch nicht des Königs Wille gewesen, Brusson hätte doch nicht in Paris bleiben können, wo ihn alles an jene entsetzliche Zeit der Untaten Cardillacs erinnerte, wo irgendein Zufall das böse Geheimnis, nun noch mehreren Personen bekannt worden, feindselig enthüllen und sein friedliches Leben auf immer verstören konnte. Gleich nach der Hochzeit zog er, von den Segnungen der Scuderi begleitet, mit seinem jungen Weibe nach Genf. Reich ausgestattet durch Madelons Brautschatz, begabt mit seltner Geschicklichkeit in seinem Handwerk, mit jeder bürgerlichen Tugend, ward ihm dort ein glückliches, sorgenfreies Leben. Ihm wurden die Hoffnungen erfüllt, die den Vater getäuscht hatten bis in das Grab hinein.

Ein Jahr war vergangen seit der Abreise Brussons, als eine öffentliche Bekanntmachung erschien, gezeichnet von Harloy de Chauvalon, Erzbischof von Paris, und von dem Parlamentsadvokaten Pierre Arnaud d'Andilly, des Inhalts, dass ein reuiger Sünder unter dem Siegel der Beichte, der Kirche einen reichen geraubten Schatz an Juwelen und Geschmeide übergeben. Jeder, dem etwa bis zum Ende des

Jahres 1680 vorzüglich durch mörderischen Anfall auf öffentlicher Straße ein Schmuck geraubt worden, solle sich bei d'Andilly melden, und werde, treffe die Beschreibung des ihm geraubten Schmucks mit irgendeinem vorgefundenen Kleinod genau überein, und finde sonst kein Zweifel gegen die Rechtmäßigkeit des Anspruchs statt, den Schmuck wieder erhalten. – Viele, die in Cardillacs Liste als nicht ermordet, sondern bloß durch einen Faustschlag betäubt aufgeführt waren, fanden sich nach und nach bei dem Parlamentsadvokaten ein, und erhielten zu ihrem nicht geringen Erstaunen das ihnen geraubte Geschmeide zurück. Das Übrige fiel dem Schatz der Kirche zu St. Eustache anheim.

Anhang

1. Zur Textgestalt

Der Werktext der vorliegenden Ausgabe ist seiten- und zeilengleich mit der Ausgabe der Universal-Bibliothek Nr. 25; er folgt:

> Die Serapions-Brüder. Gesammelte Erzählungen und Mährchen. Herausgegeben von E. T. A. Hoffmann. Dritter Band. Berlin 1820. Gedruckt und verlegt bei G. Reimer. [Darin: *Das Fräulein von Scuderi.*]

Die Orthographie wurde auf der Grundlage der gültigen amtlichen Rechtschreibregeln behutsam modernisiert; der originale Lautstand und grammatische Eigenheiten blieben gewahrt. Die Interpunktion folgt der Druckvorlage.

Zu den Wort- und Sacherläuterungen

Die Wort- und Sacherläuterungen basieren in Teilen auf den Erläuterungen in: E. T. A. Hoffmann, *Das Fräulein von Scuderi*, Stuttgart: Reclam, 1969 [u. ö.], und: Hans Ulrich Lindken, *Erläuterungen und Dokumente. E. T. A. Hoffmann, »Das Fräulein von Scuderi«*, Stuttgart: Reclam, 1978 [u. ö.].

2. Anmerkungen

1,2 **Das Fräulein von Scuderi:** Fräulein: mhd. ›Vrouwelin‹, bezeichnet hier entsprechend sowohl den individuellen Stand einer unverheirateten Frau als auch den sozialen Stand einer Adeligen. Magdaleine (heute: Madeleine) de Scudéry (1607–1701): französische Schriftstellerin. Sie ist 1680 73 Jahre alt und bekannt als Verfasserin von Heldenromanen, die den Geschmack der Zeit genau trafen, und war auch deshalb bei Hofe geschätzt.
Die Schreibweise »Scuderi« bzw. »Scudery« wechselt auch bei Hoffmann selbst. Die Erstausgabe verwendet ausnahmslos die Schreibweise »Scuderi«, die deshalb hier übernommen wird.

1,3 **Erzählung:** E.T.A. Hoffmann verwendet den Begriff der Erzählung selbst. Angemessener erscheint allerdings die Bezeichnung Novelle. Vgl. hierzu Kap. 6.2, S. 101.

1,3f. **Erzählung aus dem Zeitalter Ludwig des Vierzehnten:** Ludwig XIV. (1638–1715), der »Sonnenkönig«, regierte ab 1661. Seine Regierungszeit gilt als der Höhepunkt des Absolutismus und als klassisches Zeitalter der französischen Kunst und Literatur. Sein Hof in Versailles wurde zum Vorbild vieler europäischer Fürstenhöfe.

3,1 **Straße St. Honoré:** unweit des Louvre, parallel zur Rue de Rivoli (vgl. Stadtplan, Abb. 6, S. 89), benannt nach Honorius von Amiens (gest. ca. 600), achter Bischof von Amiens, Heiliger und Schutzpatron der Bäcker.

3,4 **Maintenon:** Françoise d'Aubigné (1635–1719), zunächst Mätresse (Geliebte), seit 1684 Gattin Ludwigs XIV.

3,6 **1680:** Der höfischen Welt zur Zeit des Absolutismus wird das Unheimliche und Verbrecherische gegenübergestellt.

3,11 **Martiniere:** La Martiniere heißt auch der Herausgeber und Bearbeiter einer Geschichte Ludwigs XIV., die Hoffmann eventuell bekannt war. Das könnte die Namensgebung angeregt haben.

8,5 **Marquis von Tournay:** Die so bezeichnete Person ist historisch nicht nachweisbar.

8,16 **zu der Zeit:** Hoffmann bezieht sich auf eine Giftaffäre in Paris zwischen 1670 und 1680.

8,19 **Glaser:** Der Apotheker Christophe Glaser (ca. 1615–1672/79 war in die Giftaffäre verwickelt. Die Affäre führte zur Einführung von sogenannten Giftbüchern, in denen Apotheker über die von ihnen verwendeten Substanzen genauestens Buch führen mussten.

Abb. 1: Ludwig XIV. Stich von Vermeulen nach einem Gemälde von Geuslin

8,21f. **alchymistischen Versuchen:** Alchimie (arab.): vorwissenschaftliche Chemie. Im 17.–18. Jh. wird der Begriff meist für den Versuch, aus unedlen Stoffen Gold zu gewinnen, verwendet.

8,24 **Exili:** auch Eggidi; Alchimist, der in die Giftaffäre verwickelt war, über den wenig bekannt ist.

9,1 **Godin de Sainte Croix:** (gest. 1672) Offizier und Geliebter der Marquise de Brinvillier; wurde zusammen mit ihr als Komplize verhaftet.

9,2 **Marquise de Brinvillier:** (1630–1676) vergiftete ihren Vater und ihren Bruder, um an das Familienerbe zu gelangen. Sie wurde als Giftmörderin enthauptet.

11,26 **la Regnie:** Präsident der »Chambre ardente«, der »brennenden Kammer«, eines Sondergerichtshofs, der eigens zur Aufklärung der Giftmorde eingerichtet worden war.

11,30 **Saint Germain:** vgl. Stadtplan, Abb. 6, S. 89.

11,31 **la Voisin:** Cathérine Deshayes, verwitwete Monvoisin, genannt »la Voisin« (1640–1680), als Giftmischerin verbrannt.

11,34 **le Sage:** der Weise.

11,34 **le Vigoureux:** der Lebenskräftige.

12,9 **Kardinal Bonzy:** Pierre de Bonzy (1691–1709), Erzbischof von Toulouse.

12,12f. **Herzogin von Bouillon, die Gräfin von Soissons:** Beide mussten vor der »Chambre ardente« erscheinen.

12,15–17 **François Henri de Montmorenci … Reichs:** Marschall (1628–1695). Auch höchste Würdenträger des Reiches mussten vor der »brennenden Kammer« erscheinen.

12,19 **Louvois':** François Michel le Tellier, Marquis de Louvois (1641–1691), Kriegsminister unter Ludwig XIV., hatte großen Einfluss auf den König.

13,28 **Argenson:** Marc-René de Voyer de Paulmy, Marquis d'Argenson (1652–1721), Polizeidirektor in Paris.

14,26 **Marquis de la Fare:** Philipp-Charles de la Fare (1687–1752), Offizier und Marschall.

15,14 **die Straße Nicaise:** vgl. Stadtplan, Abb. 6, S. 89. Die Straße existiert heute nicht mehr. Sie befand sich an der Place du Carrousel und führte in die »Gasse Honorée«.

16,18 **Amuletten:** (Schmuck-)Gegenstand, der, am Körper getragen, Glück bringen bzw. schützen soll.

17,8 f. **Herkules die Lernäische Schlange:** Herkules, bedeutender Held der griech. Sage, Halbgott von großer Kraft, vollbrachte zwölf Heldentaten, u.a. die Überwindung der neunköpfigen Lernäischen Schlange Hydra.

17,9 **wie Theseus den Minotaur:** Theseus, griech. Sagengestalt, besiegte das Ungeheuer Minotaurus (halb Stier, halb Mensch).

18,17 **Beim heiligen Dionys:** Heiliger (3. Jh. n. Chr.), Begründer der ersten christlichen Gemeinde in Paris.

19,25 **die eitle Montespan:** Marquise de Montespan (1641–1707), eine der Geliebten Ludwigs XIV.

29,9 **Boileau Despreux:** Nicolas Boileau-Despréaux (1636–1711), bedeutender Literaturtheoretiker des 17. Jahrhunderts.

29,14 **Pontneuf:** Brücke über die Seine, zwischen 1578 und 1604 erbaut, vgl. Stadtplan, Abb. 6, S. 89.

31,4 **la Chapelle:** Jean de la Chapelle (gest. 1723), General-Einnehmer der Finanzen und Dichter von Trauerspielen.

31,11 **der architektische Doktor Perrault:** Claude Perrault (1613–1688), Arzt, beschäftigte sich auch mit den der Zeichenkunst und Mechanik verbundenen Künsten und war ein bedeutender Architekt. Er entwarf die Fassade des Louvre, des Pariser Stadtschlosses.

59,21f. **Henriette von England:** Henrietta Anna (1644–1670), Tochter Karls I. von England, Gattin Herzog Philipps von Orleans. Sie starb im Alter von 26 Jahren eines plötzlichen und schmerzhaften Todes. Es ist bis heute ungeklärt, ob sie vergiftet wurde.

60,15 **Kirche St. Eustache:** nahe dem Palais Royal, nördlich des Louvre, vgl. Stadtplan, Abb. 6, S. 89.

72,2f. **Lilienbusen:** Busen: Ausschnitt des Kleides; Weißheit (wie Lilien, die im königlichen Wappen auftauchenden Blumen); hier als Zeichen der Reinheit und Keuschheit

72,9 **la Valliere:** Louise-Françoise de la Baume La Blanc, Duchesse de La Vallière (1644–1710), Geliebte Ludwigs XIV. vor Madame de Montespan. Sie trat 1675 in ein Kloster ein.

75,33 **Harloy de Chauvalon:** korrekt: Chanvalon (1625–1695).

3. Leben und Zeit

E[rnst] T[heodor] A[madeus] Hoffmann (geb. 24. Januar 1776 in Königsberg, gest. 25. Juni 1822 in Berlin)

»Die Wochentage bin ich Jurist und höchstens etwas Musiker. Sonntags am Tage wird gezeichnet und abends bin ich ein sehr witziger Autor bis spät in die Nacht.« So sieht Hoffmann sich selbst. Die Vielfalt seiner Tätigkeiten wurde auch von seinen Zeitgenossen so wahrgenommen, wie die Inschrift auf seinem Grabstein deutlich macht: »Ausgezeichnet im Amte, als Dichter, als Tonkünstler, als Maler.«

In der Selbstbeschreibung Hoffmanns werden sowohl seine vielfältigen künstlerischen Interessen, aber auch seine bürgerliche Berufstätigkeit deutlich. In diesem Sinne erscheint sein Leben als Doppelleben. Dem Beamten, der eine bemerkenswerte Karriere macht, steht der immer erfolgreichere Künstler und Poet gegenüber. Dabei stehen beide Existenzen durchaus in Konflikt miteinander, und so wundert es nicht, dass sich dieser Konflikt auch immer wieder in Hoffmanns Figuren spiegelt.

Allerdings war Hoffmann nicht nur ein »witziger Autor«. Einfluss auf die europäische Literatur gewann er insbesondere durch seine Thematisierung der dunklen Seiten des Lebens, die sich in einer Reihe seiner Werke findet. Aus diesem Grund bezeichnete man ihn als »schwarzen Romantiker« und »Gespenster-Hoffmann«.

Die folgende Zeittafel gibt eine Übersicht sowohl über sein bürgerliches als auch über sein künstlerisches Leben. (Die Angaben zu seinen künstlerischen Aktivitäten stehen kursiv.)

1776	Ernst Theodor Wilhelm wird als dritter Sohn eines Beamten geboren. Den dritten Vornamen Wilhelm legt er später ab und nennt sich aus Verehrung für Wolfgang Amadeus Mozart Amadeus.
1792	Beginn des Jurastudiums in Königsberg
1795	*Arbeit an zwei verloren gegangenen Romanen*
1799	*Dichtung und Komposition des Singspiels »Die Maske«*
1800	Juristisches Examen. Im Anschluss Assessor (Gehilfe in einem Amt) am Obergericht in Posen
1801	*Komposition und Posener Aufführung des Singspiels »Schmerz, List und Rache«*

Abb. 2: E. T. A. Hoffmann
Kupferstich nach einer Zeichnung von Wilhelm Hensel

1802 Ernennung zum Regierungsrat. Strafversetzung nach Plozk wegen Karikaturen von Posener Würdenträgern Eheschließung mit Michaelina (Mischa) Rorer-Trzcińska (1778–1859)

1803 *Erste literarische Veröffentlichungen: »Schreiben eines Klostergeistlichen«*

1804 Regierungsrat in Warschau

1805 *Komposition von Bühnenmusik. Aufführung des Singspiels »Die lustigen Musikanten«. Auf dem Titelblatt taucht erstmals der Vorname »Amadeus« auf.*

Abb. 3: Selbstporträt E.T.A. Hoffmanns

1806 Hoffmann wird nach dem Einmarsch der Franzosen in Warschau und der Auflösung der preußischen Verwaltung stellungslos.

1807 Hoffmann verweigert den Huldigungseid auf Napoleon und muss deshalb Warschau verlassen. Rückkehr nach Berlin. Hoffmann lebt in größter Not. Die Versuche, von seiner Kunst zu leben, schlagen fehl.

1808 *Kapellmeister am Bamberger Theater. Nach missglücktem Start legt er sein Amt nieder und lebt von Musikunterricht und von Theaterkompositionen.*

1809 *In der »Allgemeinen Musikalischen Zeitung« erscheint seine Erzählung »Ritter Gluck«. Dies markiert den Beginn seiner Rezensenten- und Schriftstellertätigkeit.*

1810 *Arbeit am Bamberger Theater*

1813 *Musikdirektor der Secondaschen Theatergruppe in Dresden und Leipzig. Erste Ideen zum »Goldnen Topf«. Vertrag über die Erzählsammlung »Fantasiestücke in Callot's Manier«.*

1814 *Dem Zerwürfnis mit Seconda folgt die Entlassung. Intensive schriftstellerische Tätigkeit.*
Wiederaufnahme der Beamtenlaufbahn in Berlin
Im Frühjahr erscheinen die »Fantasiestücke in Callot's Manier«.

1816 Beförderung zum Kammergerichtsrat
Weiterhin intensive schriftstellerische Tätigkeit

1820 Hoffmann fordert die Freilassung des Turnvater Jahn (1778–1852).

Abb. 4: Selbstporträt in Öl um 1820 zur Zeit des Erstdrucks der Novelle *Das Fräulein von Scuderi*

1821 Beförderung in den Oberappellationssenat des Kammergerichts

1822 Skandal um die Satire *Meister Floh*
Schwere Erkrankung. Tod im Juni in Berlin

Abb. 5: E.T.A. Hoffmann, krank auf dem Bett sitzend und schreibend. Zeichnung Hoffmanns, 1814

Hoffmanns Erzählung erschien im Jahr 1819 im *Taschenbuch für das Jahr 1820. Der Liebe und Freundschaft gewidmet* und wurde unmittelbar zu einem Publikumserfolg. Hoffmann versammelte separat verschiedene Erzählungen, die in Zeitschriften, Taschenbüchern und Almanachen erschienen waren, in den sogenannten *Serapions-Brüdern. Das Fräulein von Scuderi* findet sich im dritten von vier Bänden, der im Oktober 1820 auf den Markt kam. Der Name »Serapions-Brüder« geht zurück auf eine gesellige Freundesrunde E.T.A. Hoffmanns, die sich am 14. November 1818, dem Tag des Heiligen Serapion, nach längerer Unterbrechung wieder getroffen hatte.

Die einzelnen Erzählungen bettete er in Gespräche der Serapions-Brüder ein. So entstand ein Rahmen, in dem die Erzählungen kommentiert und eingeordnet werden. Im Zusammenhang dieser Kommentare wird auch direkt auf die verwendeten historischen Quellen verwiesen.

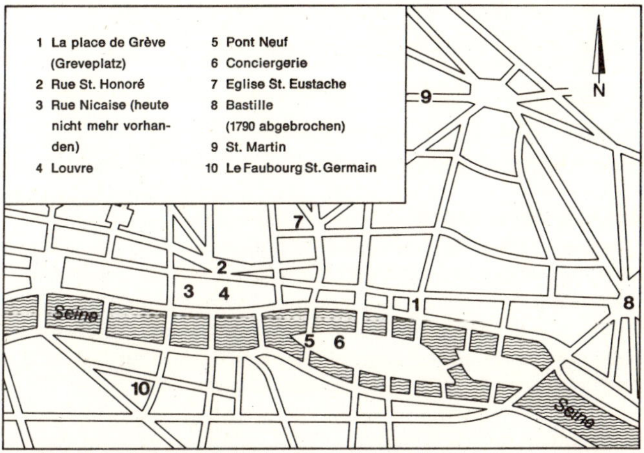

Abb. 6: Karte zum Schauplatz
Aus: Erläuterungen und Dokumente. E.T.A. Hoffmann. Das Fräulein von Scuderi. Hrsg. von Hans Ulrich Lindken. Stuttgart: Reclam, 1978 [u.ö.]. S. 4.

4.1 Die historischen Quellen

E.T.A. Hoffmann nannte seine Novelle im Untertitel eine »Erzählung aus dem Zeitalter Ludwigs des Vierzehnten«. Tatsächlich hatte er sich umfassend über die Zeit Ludwigs XIV. informiert und die Erzählung im Paris dieser Jahre in allen Details präzise angelegt. Die von ihm angegebenen Handlungsorte können im Stadtplan (vgl. Abb. 6) nachverfolgt werden.

»[…] Mit dem verbindlichsten Danke sende ich Ihnen, Verehrtester Freund! die Meierschen Briefe und ›Paris wie es war‹ pp zurück, aus denen ich einige Notizen entnommen.

Sollten Sie nicht die Uebersetzung von Voltair's ›Siecle de Louis XIV‹ besitzen, so giebt es ein Paar Romane von der Frau von Genlis die im ZeitAlter Ludwig des Vierzehnten spielen, der eine ist ni fallor[1], die Geschichte der La Valiere pp. Außerordentlich würden Sie mich verbinden, wenn Sie mich mit einem solchen Werklein aus der Verlegenheit ziehen könnten.

Hochachtungsvoll

Hoffmann

28 Maerz 18«

E.T.A. Hoffmanns Briefwechsel. Bd. 2. Hrsg. von Friedrich Schnapp. München: Winkler, 1968. S. 161.

Zu den schriftlichen Quellen zählen Voltaires (1694–1778) *Siècle de Louis XIV*, 1751 (*Das Zeitalter Ludwigs XIV.*) und François Gayot de Pitavals (1673–1743) *Causes célèbres et intéressantes* (Paris 1739–1750, 20 Bände, Gayot von Pitaval: Sonderbare und merkwürdige Rechtsfälle umgearbeitet und vermehrt, Parlamentsadvocat zu Paris) sowie eine Nürnberger Chronik von Johann Christoph Wagenseil (1633–1705) von 1697. Aus dieser stammen die Verse, die, wörtlich zitiert, im Text die Scuderi spricht: »Un amant qui craint les voleurs n'est point digne d'amour« (»Ein Liebender, der die Diebe fürchtet, ist der Liebe nicht würdig«). In den *Serapions-Brüdern* heißt es:

»›Wir haben‹, sprach Sylvester, ›soeben an Voltaire gedacht, ihr möget daher, meine teuren Serapions-Brüder, an sein ‚*Siècle de Louis XIV.*' und an dies Zeitalter überhaupt selbst denken, aus dem ich die

1 Wenn ich mich nicht täusche

Erzählung entnommen, die ich demütigst eurer gütigen Aufnahme empfehle.‹«

E. T. A. Hoffmann: Die Serapions-Brüder. Gesammelte Erzählungen und Mährchen. Hrsg. von E. T. A. Hoffmann. Dritter Band. Berlin 1820. Gedruckt und verlegt bei G. Reimer. S. 648.

»›Von dem venezianischen Schuster‹, sprach Sylvester, ›weiß ich nichts, soll ich euch aber treu und ehrlich die Quellen angeben, aus denen ich schöpfte, so muß ich euch sagen, daß die Worte der Scuderi: *Un amant qui craint etc.* wirklich von ihr und zwar beinahe auf denselben Anlaß, wie ich es erzählt, gesprochen worden sind. Auch ist die Sache mit dem Geschenk von Räuberhänden durchaus keine Geburt des von günstiger Luft befruchteten Dichters. Die Nachricht davon findet ihr in einem Buche, wo ihr sie gewiß nicht suchen würdet, nämlich in Wagenseils Chronik von Nürnberg. Der alte Herr erzählt nämlich von einem Besuch, den er während seines Aufenthalts in Paris bei dem Fräulein von Scuderi abgestattet, und ist es mir gelungen, das Fräulein würdig und anmutig darzustellen, so habe ich das lediglich der angenehmen Courtoisie[2] zu verdanken, mit der Wagenseilius von der alten geistreichen Dame spricht.‹

›Wahrhaftig‹, rief Theodor lächelnd, ›wahrhaftig, in einer Nürnberger Chronik das Fräulein von Scuderi anzutreffen, dazu gehört ein Dichterglück, wie es unserm Sylvester beschieden.‹«

E. T. A. Hoffmann: Die Serapions-Brüder. Gesammelte Erzählungen und Mährchen. Hrsg. von E. T. A. Hoffmann. Dritter Band. Berlin 1820. Gedruckt und verlegt bei G. Reimer. S. 710 f.

»Zwei Italiener, von denen der eine Exili[3] hieß, arbeiteten lange Zeit mit einem deutschen Apotheker, namens Glaser, an der Aufsuchung des sogenannten Steins der Weisen. Die beiden Italiener verloren darüber das Wenige, was sie besaßen, und wollten nun den ihnen durch ihre Thorheit erwachsenen Schaden durch das Verbrechen wett machen: sie verkauften im geheimen Gift. Die Beichte, der größte Zügel für die menschliche Ruchlosigkeit, mit

2 Höflichkeit

3 Nach neuern Ermittlungen lautete der Name des Alchemisten vielmehr *Egidi.* (R. H.)

dem man aber Spott treibt, indem man Verbrechen, die man abbüßen kann, auch begehen zu dürfen glaubt – die Beichte also brachte zur Kenntnis des Groß-Pönitentiarius[4] von Paris, daß verschiedene Personen an Gift gestorben waren. Er machte der Regierung davon Mitteilung. Die beiden verdächtigen Italiener wurden nun in die Bastille gesetzt. Der eine von beiden verstarb darin, Exili aber blieb im Gefängnis, ohne überführt zu werden, und verbreitete von seiner Zelle aus über Paris jene verderblichen Geheimnisse, die dem Civil-Richter d'Aubrai und seiner Familie das Leben kosteten und schließlich zur Einsetzung des Gerichtshofes für die Giftmischer, der sogenannten *Brand-Kammer* (chambre ardente), führten.«

Voltaire: Das Zeitalter Ludwigs XIV. Deutsch von Robert Habs. 2 Bde. Leipzig: Reclam, [1887 u.ö.]. Bd. 1. S. 454 f.

4 **Groß-Pönitentiarius**: in der römisch-katholischen Kirche eine Person, die ein Bischof mit dem Recht ausgestattet hat, in bestimmten, vorgeschriebenen Fällen die Absolution zu erteilen

5. Cardillac und das Fräulein: zwei Künstler – zwei Naturen

Die beiden zentralen Figuren der Novelle, das Fräulein von Scuderi und der Goldschmied René Cardillac, werden in den folgenden Dokumenten vor- und einander gegenübergestellt.

5.1 Cardillac – Künstler und ungeheuerlicher Verbrecher

»Der Zwiespalt in Cardillacs Seele aber formt aus diesem einen Körper-Ich scheinbar zwei völlig verschiedene Individuen: den guten, ehrlichen und fleißigen Bürger, der als erster Goldschmied von Paris alle Tugenden eines braven Handwerksmeisters zu vereinigen scheint, und den bösen, wie von einem Gespenst umgetriebenen Mörder, der nachts seinen Opfern auflauert und sie ersticht, um ihnen das von ihm gefertigte Geschmeide wieder abzunehmen, an dessen Gold- und Juwelenglanz sowie an dessen kostbarer Verarbeitung er unwiderstehlich hängt. Dieser letzte Zug, Cardillacs leidenschaftliche Liebe zu dem von ihm selbst gefertigten Kunstwerk verbindet die sonst so gegensätzlichen Hälften seiner Persönlichkeit. Diese Liebe äußert sich auch für diejenigen, die ihn sonst als den braven Bürger kennen, als schrullenhafte Absonderlichkeit (Cardillac übernimmt mit Feuereifer neue Aufträge, ist dann aber nicht zu bewegen, den fertigen Schmuck abzuliefern; bleibt ihm endlich nichts anderes übrig, so wird er grob bis zur Roheit. Ferner: Cardillac verweigert bestimmten Personen hartnäckig, für sie zu arbeiten, und bekennt später, daß es sich dabei um Menschen handelte, deren Tod er nicht auf sich laden wollte). Diese Absonderlichkeiten Cardillacs ziehen sich als Spannung erregende Momente durch die ganze Geschichte, aber die Begründung ihres Sinnes in Cardillacs zwiespältigem Charakter wird von Hoffmann fast bis zum Schluß geheim gehalten. Erst im Moment der Katastrophe, durch die Erzählung von Cardillacs Gesellen Olivier, der beschuldigt ist, nicht nur Cardillac selbst ermordet zu haben, sondern auch an den übrigen, in Wahrheit von Cardillac verübten Morden schuldig zu sein, deckt Hoffmann die Bedeutung jener Seltsamkeiten auf und enthüllt zugleich die Doppelheit der Gestalt Cardillacs.«

Margot Kuttner: Die Gestaltung des Individualitätsproblems bei E. T. A. Hoffmann. Diss. Hamburg 1936. S. 34 f.

Abb. 7: Stich nach einer Zeichnung von Johann Heinrich Ramberg zum Erstdruck der Erzählung

»Das Zwangshafte und Unfreie des Geschehens wird […] durch jenes Ereignis verschärft, mit dem Cardillac […] sich zu entlasten versucht: jenes Versehen der Mutter in der Begegnung mit dem in Gold und Juwelen gekleideten Kavalier, ein Versehen, das sein Leben und Schicksal in die vorbestimmte Bahn zwingen sollte. ›Weise Männer sprechen viel von den seltsamen Eindrücken, deren Frauen in guter Hoffnung fähig sind, von dem wunderbaren Einfluß solch lebhaften, willenlosen Eindrucks von außen her auf das Kind.‹ So ist Cardillac nach E.T.A. Hoffmann zu verstehen. In solcher Zerrissenheit und Zweideutigkeit erscheint sein Tun. Ob man ihn vom Ethischen oder vom Metaphysischen her deutet, immer gerät man an diesen Dualismus, der zu verstehen ist als die letzte Konsequenz des romantischen Dualismus überhaupt. […] [Es ist] kein Zufall, daß eine solche Gestalt in diesem Werk erscheint. Wie in dieser Gestalt, so stehen in den Künstlernovellen, wie oben dargelegt, immer die höchste Form und die Formwidrigkeit in unversöhntem Gegensatz zueinander. Man kann bei Cardillac nicht im streng-motivischen Sinn vom Doppelgängertum sprechen; die existentielle Voraussetzung indessen, die Möglichkeit ist auch hier nahegelegt, und es empfiehlt sich, von daher auch diese Figur zu verstehen.

Josef Kunz: Die deutsche Novelle zwischen Klassik und Romantik. Berlin: Schmidt, [3]1992. (Grundlagen der Germanistik. 2.) S. 94 f.

5.2 Madeleine von Scuderi – die tugendhafte Künstlerin

Auch die titelgebende Figur ist eine Künstlerin – allerdings unterscheidet sich ihr Künstlertum grundlegend von dem Cardillacs.

»Der Titel der Novelle lenkt die Aufmerksamkeit des Lesers auf das Fräulein von Scuderi; offenbar weil sie als eine Gestalt ausersehen war, die, gefeit[5] gegen den Zauber der Dinge, die Überwindung dessen leisten sollte, was in Cardillacs Verbrechen als die Macht des Abgrundes offenbar geworden ist. Eine solche Lösung in die Novelle hineinzunehmen, war die Absicht des Dichters. Indessen decken Absicht und Gelingen sich in diesem Werk nicht. Für einen solchen Anspruch ist die Gestalt der Scuderi zu substanzlos, gelegentlich sogar von einer Nichtigkeit, die man mehr als einmal albern und banal zu nennen versucht ist. Vom Pragmatischen her gesehen, lenkt sie zwar alles zum Guten, sie schützt Olivier vor dem Tod und führt die Liebenden am Ende zusammen; von der Zeichnung der Gestalt her wird sie unglaubwürdig. Weder sie noch Madelon, ganz zu schweigen von Olivier, reichen auch nur von ferne in jene Di-

5 geschützt

mensionen hinein, in denen Cardillac zu existieren genötigt ist. In dieser Beziehungslosigkeit ist, sofern man das Werk als Ganzes nimmt, die innere Schwäche der Novelle begründet. Auch an dieser Stelle ist es so, daß der Bereich des Heiligen und der des Dämonischen sich nicht verschränken; und nicht nur das ist charakteristisch, sondern auch die Tatsache, daß dem romantischen Dichter die Zeichnung des Dämonischen besser gelingt als die des Heiligen.«

Josef Kunz: Die deutsche Novelle zwischen Klassik und Romantik. Berlin: Schmidt, [3]1992. (Grundlagen der Germanistik. 2.) S. 94f.

Abb. 8: Fräulein von Scuderi. Zeitgenössischer Kupferstich

Die folgenden Dokumente beschäftigen sich mit der Frage nach der Textsorte, genauer: mit der Frage, ob es sich bei Hoffmanns »Fräulein von Scuderi« um eine Kriminalgeschichte oder um eine Novelle handelt. Für beide Zuordnungen finden sich Argumente. Die Auseinandersetzung mit dieser Frage kann helfen, den Text selbst besser zu verstehen, indem man den Blick darauf richtet, wie der Text selbst gestaltet ist.

6.1 Ein Krimi?

Eine Reihe rätselhafter Morde, im Zentrum der Aufklärung das Fräulein von Scuderi, deren Handlungen bewirken, dass ein Unschuldiger freikommt. Macht das die Novelle bereits zu einer Kriminalgeschichte und die Scuderi zur Detektivin?

»*Kriminalroman*, erzählende Prosagattung, die in unterschiedlicher Akzentuierung von Verbrechen und ihrer Aufklärung handelt und dabei an standardisierte Erzählmuster gebunden ist. Ihr Reiz liegt nicht zuletzt gerade in der Variation dieser Muster und Strukturen. Die gewaltige Ausweitung der Produktion in der Gegenwart, die auch die audiovisuellen Formen betrifft, führt häufig zu Verbindungen mit verwandten Genres wie der Abenteuer-, Agenten- und Spionagegeschichte und verstärkt den Zug zur Trivialisierung eines wachsenden Segments der Gattung. […]

Grundsätzlich lassen sich zwei Typen des K.s unterscheiden: der analytische Detektivroman und der K. im engeren Sinn. Beim Detektivroman steht das Verbrechen (in der Regel ein oder mehrere Morde) am Anfang, die Rekonstruktion des Tathergangs und die Überführung des Täters / der Täterin erfolgt im Verlauf des Erzählens. Eine herausgehobene Rolle kommt dabei der Gestalt des Detektivs (Privatdetektiv, intellektuell überlegener Amateur, Polizist) und immer mehr auch der Detektivin zu, die es mit einer sozial meist homogenen[6] Gruppe von Verdächtigen und Zeugen zu tun hat, aus deren Mitte der Täter stammt. Bei dem anderen Typus des K.s sind Täter und Tathergang schon von Anfang an oder jedenfalls

6 einförmigen

bereits recht früh bekannt; er muss seine Wirkung, seinen Spannungsreiz aus anderen Momenten – wie z.B. der Täterpsychologie oder der Aufklärung des gesellschaftlichen, wirtschaftlichen oder politischen Hintergrunds – beziehen. Der erste Typ überwiegt zahlenmäßig und wird mit dem zweiten heute dem Oberbegriff K. subsumiert.

Die Vorgeschichte des K.s beginnt im 18. Jh. im Zusammenhang mit der Entwicklung des Rechtswesens und dem aufklärerischen Anspruch, Recht und Ordnung mit rationalen Methoden zu etablieren. Zu den literarischen Vorläufern des K.s zählen die große

Abb. 9: Federzeichnung Theodor Hosemanns aus Hoffmanns *Gesammelten Schriften*, Berlin 1844/45

Sammlung berühmter Kriminalfälle von François Gayot de Pitaval (*Causes célèbres et intéressantes*, 1734ff.), der engl. Schauerroman und Werke wie Schillers *Verbrecher aus Infamie* (1786; späterer Titel: *Der Verbrecher aus verlorener Ehre*) oder E.T.A. Hoffmanns *Fräulein von Scudéri* (1819).«

Volker Meid: Sachwörterbuch zur deutschen Literatur. Stuttgart: Reclam, 2001. S. 284f.

Die beiden folgenden Dokumente setzen sich mit der Frage auseinander, ob das *Fräulein von Scuderi* als Kriminalgeschichte bezeichnet werden kann:

»Es gehört zum Wesen der *Kriminalgeschichte*, daß der Erzähler mit einem Geheimnis, das mit dem Verbrechen in bestimmtem Zusammenhang steht, hinter dem Berg hält und dadurch den Leser irreführt. Von diesem Geheimnis her, das er allein kennt, also von einem von ihm selbst geschürzten Knoten aus, konstruiert er rückwärts allerlei Scheinwege, falsche Verdächte und ungerechte Anschuldigungen, durch die er den Leser auf falsche Fährten lockt. Dieses Geheimnis nun, von dem aus Hoffmann hier eine solche Kriminalgeschichte entwickelt, ist die moralische Spaltung eines Individuums, das Auseinanderfallen einer Persönlichkeit in ein gutes und ein böses Ich. Im ›Fräulein von Scuderi‹ baut Hoffmann das Motiv des gespaltenen Ich also ein in die Welt des gesellschaftlichen Lebens. Die Problematik der Ich-Spaltung entwickelt sich hier und bekommt erst ihre Schärfe durch den Zusammenstoß des Ich mit den Gesetzen, die das Zusammenleben der Menschen regeln, mit den bürgerlichen Normen, nicht aber, wie in den bisher betrachteten Geschichten, aus der Beziehung des einzelnen Menschen zu seinem Ich.«

Margot Kuttner: Die Gestaltung des Individualitätsproblems bei E.T.A. Hoffmann. Diss. Hamburg 1936. S. 35.

»Auch wenn man im Fräulein von Scuderi keine Amateurdetektivin entdecken kann, wie dies viele Interpreten taten, wird man die Erzählung mit Recht auch als Kriminalerzählung (und dann als die erste, zwei Jahrzehnte vor Edgar Allan Poe) bezeichnen können. Denn wesentliche der dieses Genre konstituierenden Merkmale sind bereits vorhanden: ein geheimnisvolles Verbrechen, das nach mancherlei Hindernissen und falschen Spuren schließlich aufgeklärt wird; eine ›detektorische‹ Erzählweise: der Leser wird mit Geheimnissen konfrontiert, ihm werden aber auch Hinweise gegeben, die es ihm ermöglichen könnten, selbst die Lösung zu finden. Allerdings stehen bei Hoffmann nicht nur – und eigentlich nicht primär – das Verbrechen und seine Aufklärung im Mittelpunkt, sondern die Motive des Mörders und die Geschichte des unschuldig Verdächtigten Olivier, der die Verbrechen aufklären könnte, aber dabei seinen zukünftigen Schwiegervater verraten müßte.

Hoffmann hat der Erzählung noch eine weitere Dimension hinzugefügt: der Leser erfährt ausführlich von den Zuständen in Paris in jener Zeit, der Erzähler berichtet von schlimmsten Greueltaten, einem Chaos, das alle Menschen in Angst und Schrecken versetzt, geheimnisvollen Mordserien und der überharten Reaktion des Staates durch Einsetzung eines eigenen Gerichtshofs, der wahllos Schuldige und Unschuldige verfolgt, Geständnisse erpreßt, hinrichtet. Für die Aufklärung des Mordfalls legt Hoffmann damit eine falsche Fährte, im Rahmen der Erzählung hat die breite Schilderung jedoch eine wichtige Funktion: sie zeigt den gesellschaftlichen und sozialen Hintergrund, in dem die Scuderi zur Heilsbringerin wird, weil sie der Gesellschaft den Druck, das Mißtrauen, die Angst nimmt. Sowohl mit dieser Justizkritik als auch mit dem Künstlerbild bezieht sich die Erzählung natürlich auch auf Hoffmanns eigene Gegenwart.«

Hartmut Steinecke: E.T.A. Hoffmann. Stuttgart: Reclam, 1997. S. 126 f.

»Mit Recht hat man die Novelle vom Schema der Kriminalgeschichte her gedeutet.[7] Dieses Schema bestimmt nicht nur die zentrale Handlung, sondern auch die Eingangspartien der Novelle, jene, die über den Zustand des Paris Ludwig XIV., die Mordtaten des Italieners Exili und zahlreiche andere Gestalten berichten. Vor allem aber der Aufbau der Cardillac-Handlung selbst hat den dem Schema der Kriminalgeschichte entlehnten Rhythmus von Verrätselung und Auflösung bzw. Schein-Auflösung. So ist schon der Eingangsteil der Handlung gestaltet, darin die nächtliche Erscheinung des Unbe-

7 Richard Alewyn: Das Rätsel des Detektivromans. In: Definitionen. Essays zur Literatur. Hrsg. von Adolf Frisé. Frankfurt a.M.: Klostermann, 1963. S. 117 ff.

kannten im Hause der Scuderi berichtet wird; darauf – nach dem eingefügten Teil über die Pariser Zustände – all das, was sich um die rätselhaft-unheimliche Gestalt Cardillacs zusammenzieht; des weiteren die Verhaftung des der Mordtaten verdächtigen Olivier als irreführende Lösung, schließlich das Bekenntnis Cardillacs, in dem endlich das Rätsel gelöst wird.

[...]

Es ist schon angedeutet worden, daß dieses Schema der Kriminalnovelle mit der auflösenden Rückwendung am Ende nicht nur bei Hoffmann, sondern in der Novellistik der gesamten Romantik bedeutsam wurde. [...] Warum ein solcher Aufbau gerade die Epoche der Romantik anzog, ist nach dem bisher Gesagten nicht schwer zu begründen. Voraussetzung dafür ist der Umstand, daß gerade in den beiden Generationen der Romantik das eindeutige Menschen- und Weltbild der vorbildlichen Ordnungen sich aufgelöst hat und zwielichtig geworden ist; [...]. Was bisher verläßlich schien, gerät in diesen Zwiespalt und in diese Unzuverlässigkeit. [...]

Einen solchen Zwiespalt zu gestalten, dafür erwies sich das Schema der Kriminalgeschichte als besonders geeignet. [...] Denn wie es sich auch im einzelnen verhält, die Kriminalgeschichte arbeitet immer mit diesem Motiv der Zweideutigkeit: Einer, der nach außen als ein geachteter Bürger lebt, ist in Wirklichkeit der lang gesuchte Verbrecher. Um dieser Thematik der Zweideutigkeit willen wird die Kriminalgeschichte für eine Epoche aktuell und bedeutsam, [...]. Und vor allem ist es kein Zufall, daß gerade E. T. A. Hoffmann mit diesem Schema arbeitet; also jener Novellist der Romantik, dessen gesamtes Œuvre[8] um nichts anderes kreist als um die Thematik der Zweideutigkeit.«

Josef Kunz: Die deutsche Novelle zwischen Klassik und Romantik. Berlin: Schmidt, ³1992. (Grundlagen der Germanistik. 2.) S. 95–97.

6.2 »Eine ungeheure Begebenheit«: Eine Novelle?

Hoffmann selbst nennt seinen Text im Untertitel eine Erzählung. Dabei ist ›Erzählung‹ ein sehr weiter Begriff. Die Besonderheiten des Textes zeigen sich genauer, wenn man den Begriff der Novelle hinzuzieht.

8 Werk

»*Novelle*, Prosa- oder (selten) Verserzählung von mittlerem Umfang, die sich durch straffe Handlungsführung, formale Geschlossenheit und thematische Konzentration auszeichnet. Gegenstand des Erzählens ist nach der Definition Goethes ›eine sich ereignete unerhörte Begebenheit‹, eine Begebenheit also, die einen gewissen Anspruch auf Wahrheit erhebt und von etwas Neuem oder Außergewöhnlichem erzählt. Zu den zahlreichen Versuchen, die Novellenform näher zu charakterisieren, gehören die Hinweise auf die Zuspitzung des Erzählens auf einen ›Wendepunkt‹ hin (und damit auf einen dem Drama verwandten Aufbau) und auf die Strukturierung durch ein sprachliches Leitmotiv oder durch ein Dingsymbol. Häufig werden N.n zu Zyklen verbunden bzw. in Rahmenerzählungen eingebettet.

Die Gattungsgeschichte der europäischen N. geht von Boccaccios *Decamerone* (um 1350) aus, einer durch eine Rahmenhandlung verknüpften Sammlung von 100 Erzählungen (›Geschichten, Fabeln, Parabeln oder wirkliche Begebenheiten, wie wir sie nennen wollen‹). Die Konzeption des *Decamerone* wurde für Jahrhunderte Vorbild der europäischen Novellendichtung. […]

Nach Vorläufern in Humanismus, Barock und Aufklärung begann mit Goethes *Unterhaltungen deutscher Ausgewanderten* (1795), nach dem Beispiel Boccaccios als Zyklus mit Rahmenhandlung angelegt, die Geschichte der dt. Novelle. Auch Christoph Martin Wieland folgte mit dem *Hexameron von Rosenhain* (1805) der ital. (und frz.) Tradition. Zahlreiche weitere Novellenzyklen entstanden bis hin zu Gottfried Kellers *Sinngedicht* (1881), doch trat seit der Romantik und den N.n Heinrich v. Kleists die Einzelnovelle immer stärker in den Vordergrund. Auch Goethes *Novelle* (1828) bestätigt diese Tendenz. Neue Ausdrucksmöglichkeiten gewann die N. in der Romantik durch die Integration märchenhafter, phantastischer und dämonischer Elemente (Ludwig Tieck, Achim v. Arnim, Clemens Brentano, Friedrich de la Motte Fouqué, E.T.A. Hoffmann, Adelbert v. Chamisso, Joseph v. Eichendorff).«

Volker Meid: Sachwörterbuch zur deutschen Literatur. Stuttgart: Reclam, 2001. S. 374 f.

»Diese [die Hauptbeschäftigung der Almanachsliteraten[9]] besteht jetzt in einer sonderbaren Erzählungsweise, die sie *Novelle* nennen,

9 Almanach: periodisch erscheinende Sammlung von Texten, früher mit einem Kalender verbunden

und doch wollte ich wetten, von allen jenen, die in dieser Form sich versuchen, sind nur Wenige, die über die innere Natur dieser Erzählungsart und über die Gesetze ihrer Form nachzudenken sich die Mühe nehmen. In unserer Jugend, wo wir so gerne Erzählungen von Huber, Lafontaine[10] und andern lasen, bestand die Hauptaufgabe und der mächtigste Reiz der Erzählung in einer guterfundenen, interessanten Geschichte; die inneren Verhältnisse mußten gut geordnet, der Faden gleichmäßig und zart gesponnen seyn, und es kam darauf an, die Verirrungen oder die Höhen des menschlichen Herzens nachzuweisen, weniger wie es sich in Empfindungen und Worten, als wie es sich in überraschenden und anziehenden Verhältnissen zeigt und ausspricht. Jene Art von Erzählungen hatte noch das Angenehme, Bequeme, ich möchte sagen Kindliche des Vortrags an sich. Es wurde in der Erzählung selten gesprochen, desto mehr gedacht und gehandelt; daher konntest du auch mit ein wenig Aufmerksamkeit und Gedächtniß eine solche Erzählung in jeder Gesellschaft in derselben Ordnung wieder vortragen, wie du sie gelesen hattest, denn sie war schon ursprünglich so geordnet und eingerichtet, wie etwa ein Reisender eine Geschichte, die sich da oder dort zugetragen, erzählen würde. Eine der trefflichsten Dichtungen dieser Art ist das Fräulein von Scuderi von Hoffmann, und die Theilnahme, womit man dergleichen Erzählungen noch immer liest, beweist mir, daß der jezt herrschende Geschmack vorübergehend seyn werde.«

Morgenblatt für gebildete Stände. Nr. 292 vom 6. 12. 1827. S. 1166.

6.3 Hell und Dunkel – Tugend und Verbrechen: der Schmuck als Symbol

»Ding- oder Leitsymbol der Novelle ist der Schmuck[11] aus dem geheimnisvollen Kästchen. Das Öffnen des Kästchens eröffnet sinnbildhaft das Geschehen. Durch den Schmuck wird die Handlung erst in Gang gesetzt. Unter kriminalistischem Aspekt ist er das Corpus Delicti, im weiteren Sinn das äußerlich wahrnehmbare Ziel des Verbrechens, sofern er als stellvertretend für all die Schmuckstücke

10 Jean de La Fontaine: (1621–1695) französischer Schriftsteller, vor allem durch seine Fabeln bekannt

11 Schmuck: Ding- oder Leitsymbol der Novelle

angesehen wird, die Cardillac durch Bluttaten wieder in seinen Besitz gebracht hat. Auch der an die Scuderi ausgelieferte Schmuck droht zum Auslöser eines Verbrechens zu werden.

Aber der Schmuck steht nicht nur symbolhaft für das Verbrechen, sondern in einer überraschenden Umdeutung am Ende auch für die Tugend[12]. Indem ihn die Scuderi anlegt, verliert er seinen düsteren Aspekt und wird zum sinnbildlichen Ausdruck der Menschlichkeit, wie sie die Trägerin des Geschmeides vorbildlich verkörpert. Der Schmuck löst als echtes novellistisches Leitsymbol die Handlung aus, treibt sie voran und führt sie schließlich zu einem entspannenden Ende. In der sittlichen Umdeutung der symbolisch verwendeten Juwelen scheint der Konflikt bewältigt, der durch sie ausgelöst wurde.«

Winfried Freund: Lektüreschlüssel. E. T. A. Hoffmann. Das Fräulein von Scuderi. Stuttgart: Reclam, 2003. S. 27.

12 Schmuck steht für Verbrechen *und* Tugend

Freund, Winfried: E.T.A. Hoffmann. Das Fräulein von Scuderi. Lektüreschlüssel für Schülerinnen und Schüler. Stuttgart: Reclam, 2003.

Gröble, Susanne: E.T.A. Hoffmann. Kompaktwissen für Schülerinnen und Schüler. Stuttgart: Reclam, 2000.

Herwig, Henriette: Das Fräulein von Scuderi. Zum Verhältnis von Gattungspoetik, Medizingeschichte und Rechtshistorie in Hoffmanns Erzählung. In: E.T.A. Hoffmann. Romane und Erzählungen. Hrsg. von Günter Saße. Stuttgart: Reclam, 2004. S. 199–211.

Lindken, Hans Ulrich: Erläuterungen und Dokumente. E.T.A. Hoffmann. Das Fräulein von Scuderi. Stuttgart: Reclam, 1978 [u.ö.].

Safranski, Rüdiger: E.T.A. Hoffmann. Das Leben eines skeptischen Phantasten. Frankfurt a.M. 2000.

Steinecke, Hartmut: E.T.A. Hoffmann. Stuttgart: Reclam, 1997. S. 112–129.

Hörbuch:

Das Fräulein von Scuderi von E.T.A. Hoffmann. Gelesen von Heiner Heusinger. Regie: Wieland Haas. Griot Hörbuchverlag 2008.

Internetadressen:

E.T.A. Hoffmann-Gesellschaft in Bamberg: www.etahrsg.de

Inhalt